企业国有资产监管法律制度研究

A LEGAL SYSTEM RESEARCH ON THE REGULATION OF STATE-OWNED ASSETS IN ENTERPRISES

银晓丹 著

中国社会科学出版社

图书在版编目（CIP）数据

企业国有资产监管法律制度研究／银晓丹著．—北京：
中国社会科学出版社，2017.8
ISBN 978－7－5203－0870－0

Ⅰ．①企…　Ⅱ．①银…　Ⅲ．①企业—国有资产—监管
制度—法律—研究—中国　Ⅳ．①D922.291.04

中国版本图书馆CIP数据核字(2017)第207366号

出 版 人　赵剑英
责任编辑　马　明
责任校对　胡新芳
责任印制　王　超

出　　版　中国社会科学出版社
社　　址　北京鼓楼西大街甲158号
邮　　编　100720
网　　址　http://www.csspw.cn
发 行 部　010－84083685
门 市 部　010－84029450
经　　销　新华书店及其他书店

印　　刷　北京君升印刷有限公司
装　　订　廊坊市广阳区广增装订厂
版　　次　2017年8月第1版
印　　次　2017年8月第1次印刷

开　　本　710×1000　1/16
印　　张　12
插　　页　2
字　　数　196千字
定　　价　49.00元

摘　要

基于国家所有权的公权力属性，企业国有资产兼具市场失灵和政府失灵的双重压力，决定了监管的必要性。监管成效如何取决于国家的公权力与市场的私权利之间的博弈与平衡。而这关键在于企业国有资产的市场定位。企业国有资产的主要功能在于弥补市场失灵，服务于市民社会的培育与发展，更好地实现民主宪政体制。

本书结合经济学，从市场规制法视角，通过我国现有的《企业国有资产法》和《企业国有资产监督管理暂行条例》等相关法律法规，分析企业国有资产监管法律制度。首先，对企业国有资产及其监管的概念、特征和功能价值等进行法理解读，这是企业国有资产监管法律制度的理论基础。企业国有资产监管权作为一种综合性的权力及权利束，不仅源于国家的立法权、行政权和司法权，而且还源于社会的私权利、企业的股东权利以及企业内部治理权。公权力与私权利的博弈与较量，决定了企业国有资产监管权如何配置，进而关系到监管成效问题。监管权配置的价值理念及其设计思路直接关系到企业国有资产监管模式的提炼与选择。其次，分析并归纳了国外企业国有资产监管模式的不同种类及可资借鉴的经验，以及我国企业国有资产监管模式的现状。再次，鉴于我国企业国有资产监管模式所存在的问题及深层次的原因透视，结合国外企业国有资产监管的经验，提出了我国企业国有资产监管模式法律构建的逻辑前提，即国家所有权与企业国有资产监管模式的选择；中国社会转型时期与企业国有资产监管模式的选择；国外企业国有资产监管经验与企业国有资产监管模式的选择。在此基础上，我国企业国有资产监管模式的法律构建应当分层次加以推进：国家监管、社会监管和企业监管并重，强化社会监管；立法监管、行政监管与司法监管并重，强化立法监管；专职监管部门与其他职能部门协调监管。最后，阐述了企业国有资产监管的法律责任及救济制度。企业国有资产的国家所有权属性以及监管的公权力因素决定了问责制的必要性与紧迫性。长期以来，包括企业国有资产监管在内的经济法具体制度之所以缺乏可诉性，问题不在于经济法没有独立的诉讼程序，而在于我国缺乏违宪审查程序、公益诉讼制度以及私益诉讼制度的司法保障不足。除了传统的民事诉讼、行政诉讼和刑事诉讼，违宪审查程序和公益诉讼制度理应成为企业国有资产监管法律责任及救济制度构建的当务之急！

本书立足经济法视角，试图突破国家所有权神话，理性看待企业国有资产监管，以期收到事半功倍的效果；试图突破《企业国有资产法》等现有法律法规的限制，反思与重构企业国有资产出资人制度；在国外经验的基础上，试图完成我国企业国有资产监管模式的法律制度设计；试图构建对监管主体加以监管的法律制度以及企业国有资产监管法律责任及其救济制度；试图构建完整的企业国有资产监管法律体系，为国有资产监管立法提出建议和对策等。总之，本书既有助于完善经济法理论体系，也有助于企业国有资产监管的实践。

关键词： 企业国有资产　国家所有权　监管权　监管模式　横向权力配置

Abstract

The state-owned assets of the enterprises are an important tool to make up for market failure. It has the double pressure between market failure and government failure, based on public power properties of state ownership. So it determines the need for the regulation of the state-owned assets of the enterprises. Regulatory effectiveness depends on the game and balance between state public power and market private rights. Therefore, the regulation of the state-owned assets of the enterprises hinges on the market positioning on the state-owned assets of the enterprises, that is to say, the main function of state-owned assets of the enterprises is to better achieve our democratic constitutional system, service on the cultivation and development of civil society and make up for market failure.

From Market Regulation Law system of the sense of Economic Law, this thesis analyzes the issue of the regulation of the state-owned assets of the enterprises, combined with economics and through the analysis of our current "State-owned Assets of the Enterprises Law" and "Provisional Regulations on State-owned Assets of the Enterprises Supervision and Administration" and other relevant laws and regulations. First, this thesis makes the legal interpretations to the concept, characteristics and functions of value of the regulation and the state-owned assets of the enterprises, which is the legal basis of the legal construction of the regulatory mode of the state-owned assets of the enterprises. Secondly, from the regulatory power of the legal sense about the state-owned assets of the enterprises, this thesis refines the regulatory mode of the state-owned assets of the enterprises, analyzes and summarizes the different types and the learning experience of the regulatory mode of the state-owned assets of foreign enterprises, and analyzes the status of the regulatory mode of the state-owned assets of Chinese enterprises. Thirdly, in view of the existed problems and the dialysis of the deep-seated causes of the regulatory mode of the state-owned assets of Chinese enterprises, combined with foreign experience of the state-owned assets of the enterprises, this thesis puts forward the logic premises of he legal construction of the regulatory mode of the state-owned assets of Chinese enterprises, including state ownership and the selection of the regulatory mode of the state-owned assets of the enterprises; Chinese social transition and the selection of the regulatory mode of the state-owned assets of the enterprises; foreign experience and the selection of the regulatory mode of the state-owned assets of the enterprises. On this basis, the legal construction of the regulatory mode of the state-owned assets of Chinese enterprises should be pushed forward at different levels: both national regulation, social regulation and corporate governance, strengthening social regulation; both legislative regulation, administrative regulation and judicial regulation, strengthening legislative regulation; coordinate regulation between full-time regulation sector and other regulatory functions. Finally, this thesis describes the liability and relief system of the regulation of the state-owned assets of the enterprises. For a long time, the reason for lack of justiciability of specific systems of Economic Law, including the regulation of the state-owned assets of the enterprises, does not lies in no independent proceedings of Economic Law, but lies in the lack of constitutional review procedure, public interest litigation system and the inadequate judicial protection in private interest litigation system. In addition to traditional civil action, administrative action and criminal action, the constitutional review procedure and the Public Interest Litigation system should become a top priority of the construction of the liability and relief system of the regulation of the state-owned assets of the enterprises!

From the sense of the Economic Law, this thesis tries to examine the regulation of state-owned asset of enterprises in rational perspective, in order to do less for more. This thesis tries to break the limits of the laws and regulations such as "State-owned Assets of the Enterprises Law", and make a reflection and reconstruction for the system of sponsorship of the state-owned assets of enterprises. On basis of overseas experience, it tries to perfect our country's legal system design for regulatory mode for the state-owned assets of enterprises, and construct the legal system of the regulation for the regulators, state-owned assets of enterprises regulation responsibility and the relief system. The thesis tries to construct a complete legal system for state-owned assets regulation and rises up suggestion and countermeasures for its legislation. In a word, it helps to perfect the system info of the Economic Law as well as the practice of the regulation of state-owned assets of enterprises.

Key Words: State-owned Assets in Enterprises; State Ownership; Regulatory Power; Regulatory Mode; Horizontal Power Allocation

目　　录

第一章　绪论 ………………………………………………………… (1)
一　选题背景和意义 ………………………………………………… (1)
二　选题的国内外研究概况及评述 ………………………………… (6)
（一）国外研究文献状况及评述 ………………………………… (6)
（二）国内研究文献状况及评述 ………………………………… (12)
三　选题的研究思路、方法和主要内容 …………………………… (17)
四　选题的创新点与不足 …………………………………………… (19)
（一）选题的创新点 ………………………………………………… (19)
（二）选题的不足 …………………………………………………… (20)

第二章　企业国有资产内涵的法理解读 ……………………………… (22)
一　企业国有资产的概念、法律特征和种类 ……………………… (22)
（一）国有资产概念、法律特征和种类 ………………………… (22)
（二）企业国有资产概念、法律特征和种类 …………………… (27)
二　企业国有资产的市场定位 ……………………………………… (31)
（一）企业国有资产市场定位的法理基础 ……………………… (31)
（二）企业国有资产的市场定位 ………………………………… (34)
（三）我国企业国有资产的市场转型 …………………………… (36)

第三章　企业国有资产监管基本范畴解析 …………………………… (38)
一　企业国有资产监管概述 ………………………………………… (38)
（一）企业国有资产监管的概念和法律特征 …………………… (38)

（二）企业国有资产监管的种类 …………………………（43）
（三）企业国有资产监管的正当性和目标 ……………………（46）
（四）企业国有资产监管的性质和地位 ……………………（47）
二　企业国有资产监管权研究 ……………………………（48）
（一）企业国有资产监管权的概念 …………………………（48）
（二）企业国有资产监管权的种类、特征和主要内容 …………（50）
（三）企业国有资产监管权的配置问题 ……………………（54）

第四章　企业国有资产监管模式的比较分析 ……………………（56）
一　企业国有资产监管模式概述 ……………………………（56）
（一）企业国有资产监管模式的内涵 ………………………（56）
（二）企业国有资产监管模式的界定因素 ……………………（58）
二　国外企业国有资产监管模式分析 ………………………（59）
（一）学界关于国外企业国有资产监管模式的分类梳理 ………（59）
（二）本书关于国外企业国有资产监管模式的归类与界定 ……（62）
（三）国外企业国有资产监管模式的经验与启示 ……………（66）
三　我国企业国有资产监管模式的现状 ……………………（70）
（一）我国企业国有资产监管模式的历史沿革 ………………（70）
（二）我国企业国有资产监管模式的缺陷及成因分析 …………（74）

第五章　我国企业国有资产监管模式法律构建 …………………（82）
一　我国企业国有资产监管模式法律构建的前提 ……………（82）
（一）国家所有权与企业国有资产监管模式的选择 ……………（82）
（二）中国社会转型时期与企业国有资产监管模式的选择 ……（86）
（三）国外企业国有资产监管经验与企业国有资产
　　　监管模式的选择 ……………………………………（87）
二　我国企业国有资产监管模式法律构建的基本原则 …………（89）
（一）分级所有、分级监管原则 ……………………………（89）
（二）分类监管原则 ……………………………………（90）
（三）协调监管原则 ……………………………………（92）

（四）适度监管原则 …………………………………………（93）
（五）依法监管原则 …………………………………………（94）
三　我国企业国有资产监管模式的法律构建 ……………………（94）

第六章　我国企业国有资产监管具体法律制度设计 ………………（100）
引子：一个经典案例的反思 ……………………………………（100）
一　国家监管法律制度设计 ……………………………………（101）
（一）立法监管 ……………………………………………（101）
（二）行政监管 ……………………………………………（107）
（三）司法监管 ……………………………………………（116）
二　企业监管法律制度设计 ……………………………………（119）
（一）出资人制度 …………………………………………（119）
（二）董事会制度 …………………………………………（123）
（三）经理层制度 …………………………………………（125）
（四）监事会制度 …………………………………………（129）
三　社会监管法律制度设计 ……………………………………（134）
（一）市场利益相关者监管 …………………………………（134）
（二）政党监管 ……………………………………………（135）
（三）社会团体监管 …………………………………………（137）
（四）公民监管 ……………………………………………（139）
（五）新闻舆论监管 …………………………………………（142）
四　对监管主体监管的法律制度设计 ……………………………（143）
（一）对监管主体监管的内涵分析及理论界定 ………………（143）
（二）对监管主体监管的法律制度构建 ………………………（145）

第七章　企业国有资产监管法律责任及其救济 ……………………（152）
一　企业国有资产监管法律责任界定 ……………………………（153）
二　问题的提出：法律责任的缺失 ………………………………（155）
（一）监管责任主体构建的缺失 ………………………………（155）
（二）监管责任形态构建的缺失 ………………………………（157）

三 解决问题的对策：法律责任与司法体制的对话 …………… (160)
(一) 企业国有资产监管法律责任的重构 ……………………… (161)
(二) 法律责任与救济制度的有效对接 ………………………… (162)

第八章 结束语 ……………………………………………………… (166)

参考文献 …………………………………………………………… (169)

后记 ………………………………………………………………… (181)

第一章

绪　论

一　选题背景和意义

市场经济是一种竞争经济。马歇尔曾经说过，“竞争可以是建设性的，也可以是破坏性的”①。言下之意，市场经济并非是万能的，也存在市场失灵（market failure）的情形。世界各国的理论和实践足以验证，无须详述。基于市场失灵，即市场的不完全竞争状态（包括但不限于垄断竞争和自然垄断等）、外部效应、公共产品（public goods）和市场信息的非对称性等因素，决定了国家及其政府作用在市场经济社会中的必要性，从而为国有资产的存在提供了最合理的理由。

然而，随着国家干预经济的弊端愈益突出，公权力的变异，政府行为的外部性问题也愈益凸显。对此，西方学者早就认识到了这一点。比如查尔斯·沃尔沃在《市场或政府》一书中提到，“由政府干预经济来试图纠正市场的缺陷，可能产生无法预料的副作用”②。也如同布坎南在《自由、市场与国家》（*Liberty*, *Market and State*）一书中所说，公共选择理论在一种非常实际的意义上提出了一种“政府政治失灵理论”③。也就是说，政府干预经济的时候，也有可能会产生政府行为的外部性问题，即政府失灵

---

① Alfred Marshall, *Principles of Economics*, Shaanxi People's Publishing House, 2006, p. 4.

② ［美］查尔斯·沃尔沃：《市场或政府》，谢旭译，中国发展出版社 1994 年版，第 70 页。

③ James Mcgill Buchanan, *Liberty*, *Market and State—Political Economy in the 1980s*, Wheatsheaf Books Ltd., 1986, p. 256.

(Government Failure)。[①] 诸如权力寻租、政府低效、信息不对称等，从而导致国有资产低效使用及其大量流失。而这在中国尤其明显，由于权力缺乏制约、透明度不够、法治化程度不高以及中国市场经济体制改革转型时期等因素，从而导致中国的国有资产流失现象更为严重。因此，我们在利用政府力量纠正市场失灵时，也要防范政府失灵，解决政府行为外部性问题。因而，加强对国有资产的监管，并纳入法治化轨道，就成为世界各国的必然选择，以尽可能解决政府失灵。这在中国显得尤为紧迫。

既要纠正市场失灵，又要防止政府失灵，首先要限定政府投资的作用及其领域。在市场经济条件下，政府投资的作用，即国有资产的作用主要是弥补市场失灵。基础设施、公共利益等非竞争性领域是政府投资经营的主要领域（即使非竞争性领域，也应当尽可能向竞争性领域转化，只要私人资本有能力介入并经营好，国家就应当允许民间资本投入）；某些竞争性领域可以作为政府为实现特定目的而阶段性投资经营的领域，比如弥补关键领域的不足，支持落后地区的发展，缩小地区差距，发展有风险的新兴产业等；少数特殊行业应由国家所有或经营，比如矿产、土地、航空以及涉及国家安全的产业等。作为发展中国家的中国还面临着经济赶超的重任，就决定了一定领域的国有企业还具有引导或领航技术赶超、产业升级和结构转型的功能。

根据不同的分类标准，国有资产往往有不同的分类。但在我国学界及其实务界，一般将国有资产分为行政事业性国有资产、资源性国有资产和经营性国有资产。经营性国有资产一般指企业国有资产。鉴于世界各国行政事业性国有资产和资源性国有资产差异并非悬殊，深受传统马克思主义理论影响并曾经实行计划经济体制的包括中国在内的社会主义国家与其他国家尤其是西方发达国家在国有资产方面最大的差异就是企业国有资产，而企业国有资产也是导致原苏联东欧社会主义国家垮台的重要原因，同样也是中国在国有资产方面存在问题最多的领域，国有资产流失尤为严重，是政府干预经济从而导致政府失灵主要体现的领域，并且直接关系到市场经济体制的建立健全和政府职能的成功转型。因此，本书即以企业国有资

① “政府失灵”中的“政府”是广义上的政府，既包括行政机关，也包括立法机关和司法机关等国家机关，但主要涉及行政机关。后文涉及“政府失灵”均是此意。

产监管作为研究对象。

此外，企业国有资产包括非金融性企业国有资产和金融性企业国有资产。由于金融性国有企业诸如银行、保险公司、证券公司等金融产品及其金融风险的特殊性，决定了金融监管与非金融性企业国有资产监管存在很大差异。金融性企业国有资产监管主要由银行法、保险法、证券法等相关法律法规予以规制。本书主要以非金融性企业国有资产监管作为研究对象。

从企业国有资产监管研究的现有理论文献资料来看，目前我国学术界关于企业国有资产的研究不少，但专门研究企业国有资产监管的著述不多，至于研究企业国有资产监管法律制度方面的资料更少。当然，在相关论文和著作中也涉及诸多企业国有资产监管问题的研究。但从现有的研究成果来看，多从不同行业、不同产业的企业国有资产监管角度加以分析，而缺乏企业国有资产监管的系统性整体分析；多从经济学、管理学角度加以分析，而缺乏综合法学（尤其经济法学）和经济学、管理学等知识的系统分析，更没有从企业国有资产监管法律制度层面加以研究；多从产权角度加以分析，而忽视了国有企业产权存在的缺陷与不足以及如何构建；多从借鉴公司治理加以分析，而忽视了国有企业治理的特殊性；多是泛泛谈论加强国有资产管理体制改革、人大监督和司法监督等，而忽视了转型时期中国政治体制的特殊性或是简单地回避了相关问题。

从我国企业国有资产监管立法现状来看，非金融性企业国有资产监管在相关企业法中却严重缺乏规定，比如《公司法》主要属于私法，以普通公司企业作为调整对象，即使国有控股公司或国有参股公司在《公司法》中也以私法主体身份平等参与市场竞争，而缺乏对企业国有资产监管应有的规定[①]，至多公司治理结构对企业国有资产监管有借鉴意义；而现有的《全民所有制工业企业法》及其实施条例不仅对此缺乏规定，而且已经远远不能适应市场经济的需要。虽然，早先制定的《企业国有资产监督管理暂行条例》第六章以及2008年公布、2009年实施的《企业国有资产法》第七章等对企业国有资产监管有专门规定，但对此规定均比较笼统和原则；而且《企业国有资产法》在此方面的规定还存在一些缺

① 关于企业国有资产监管，《公司法》也不应有此规定，理应有特别法加以规范。

陷与不足，比如企业国有资产出资人制度等。此外，虽然《企业国有资产法》也适用金融类国有企业，但金融类企业国有资产监管另有规定的从其规定。然而，现在许多非金融类国有企业与金融类国有企业存在业务交叉，而《企业国有资产法》现有规定难以适应这样的趋势，从而为企业国有资产监管留下了漏洞。另外，我国还存在大量的境外企业国有资产，而我国现有的《境外国有资产管理暂行办法》等行政法规及其规章立法效力层级低、过分原则、缺乏可操作性，而且还存在滞后性，从而为国有资产流失留下了漏洞。

从我国企业国有资产监管实践效果来看，存在诸多缺陷与不足，包括但不限于重国家监管、轻社会监管；重行政监管、轻立法监管和司法监管；国有企业治理缺陷；企业国有资产监管法治化水平低等。对于一些特殊的垄断国有企业以及境外的企业国有资产所存在的监管问题就更为严重。《国务院关于2015年度中央预算执行和其他财政收支的审计工作报告》显示，仅2015年度，在抽查的中国石化、南航集团、中铝公司等10户中央企业284项重大经济决策中，有51项存在违规决策、违反程序决策、决策不当等问题，造成损失浪费等126.82亿元；发现47起重大违纪违法问题线索涉及295.02亿元，其中16起涉及金额均超过亿元，94名责任人员中有26名为企业负责人。抽查的93项境外业务中，有62项（占67%）不同程度存在论证不充分、未按程序报批，以及对关键岗位人员监管和佣金支付等关键业务环节管控薄弱问题，其中的10起重大违纪违法问题线索，造成国有权益损失风险142.7亿元。① 这里既涉及国有企业转型改制问题，也涉及国家层面、社会层面和企业层面等因素。

有人认为，企业国有资产监管是无解之难题，有效的企业国有资产监管根本不存在，消极的做法就是彻底消灭国有企业。但事实是，这是“乌托邦”。市场经济条件下国有企业的存在，这是不争的事实。积极的做法就是，面对“国家所有权的神话破灭”，在尽可能降低国有企业比重的前提下，尽可能优化企业国有资产监管法律制度，把国有企业的负面效果降低到最低或社会容许的限度，并进而发挥国有企业弥补市场失灵的正

---

① 《国务院关于2015年度中央预算执行和其他财政收支的审计工作报告》，2017年4月19日，中华人民共和国审计署网站（http://www.audit.gov.cn/n4/n19/c84954/content.html）。

面效果。

企业国有资产监管的内容很多，学界和实务界也有研究并予以实践，但为何效果并不理想？除了与国有企业天然弊端属性有关外，长期以来，我国学者多从经济学、管理学等角度研究国有资产监管，而缺乏从企业国有资产监管法律制度层面加以系统研究，尚未充分从经济法视角即国家调控经济的法治化以及宪政高度去思考国有资产监管问题。为此，本书试图从企业国有资产监管法律制度层面加以研究，以此构建企业国有资产监管法律体系，以填补《企业国有资产法》在此方面的不足，并设想在《企业国有资产法》的基础上，再单独考虑专门立《国有资产监管法》。本书试图就此进行可行性分析。

国有企业和企业国有资产监管不仅仅是经济学、管理学等学科研究的内容，同时也是法学尤其是经济法学、政治学、社会学等学科研究的对象或领域，而且对某一问题或社会现象进行学科交叉研究有助于进一步认识和解决问题，并成为社会发展的一种趋势。从法学来看，企业国有资产监管本身就是经济法研究的内容，是国家宏观调控和市场规制的重要手段和工具。首先，国有企业存在的一个重要理由就在于弥补市场失灵。在私人自治无法实现的情况下，国家宏观调控经济，其中一个重要手段就是设立国有企业。国有企业的存在就是政府与市场边界的产物。其次，国家调控经济也并非万能，也存在政府失灵，国有企业本身的缺陷就是一个典型表现。再次，基于市场失灵和政府失灵，我们需要企业国有资产监管。而企业国有资产监管本身就是在国家失灵基础上的再次国家调控与市场规制，尽管依然存在国家失灵的可能性，但监管法律制度的构建则是必需的，监管成效如何取决于国家的公权力与市场的私权利之间力量的博弈与平衡。而这正是经济法的理论基础。

近年来，习近平总书记多次强调，国有资产来之不易，要完善对国资监督管理；加强国有资产监管，把国有企业做强做优做大。在此背景下，研究企业国有资产监管法律制度具有极其重要的理论意义和现实意义。从法律层面系统研究企业国有资产监管制度，不仅丰富了国有企业改革及其国有资产监管的理论体系，而且有助于完善国有资产法及其经济法学相应的理论体系；有助于我们进一步思考并完善《企业国有资产法》等相关法律法规；有助于正确认识国有企业定位，并在深化国企改革中遏制国有企业的“官商结合”及其“官僚经济”现象，以建立健全现代企业制度，减少国有资产流失；有利于健全和完善企业国有资产监管模式、机制及其相应的法律体系，不仅有利于解决转型时期中国企业国有资产监管中所面临的现实问题，而且也能从长远角度解决企业国有资产监管问题，提高国有企业效益，从而有效发挥国有企业弥补市场失灵和政府失灵的市场功能；有利于进一步深化国有企业改革及其经济体制改革，建立健全市场经济体制，并进而推动政治体制改革及其国家现代化建设的进程等。

二 选题的国内外研究概况及评述

（一）国外研究文献状况及评述

各国国有经济的发展状况大不相同。姑且不论已经或曾经实行计划经济体制的国家实行全面的国有化，即使实行市场经济的国家包括西方发达国家也存在着不同状况的国有经济。在美国，尽管历史上出现过“罗斯福新政”，强调过凯恩斯主义，但自由主义经济思想依然根深蒂固。因此，美国没有出现过其他许多西方国家曾经发生的国有企业或国有化的高潮。尽管如此，美国政府在科研和公用基础设施等方面仍有着较大投资，发挥了国有企业的作用，从而使美国在科研和新兴产业等领域一直保持世界优势地位。与美国不同的是，欧洲的一些国家受市场失灵、世界大战和马克思主义及其原苏联初期计划经济成就等因素的影响，掀起过国有化的浪潮。比如：英国发生了两次大规模的国有化运动；法国从 20 世纪 30 年代开始在近 60 年的时间里经历过 3 次大规模的国有化运动，在西方发达国家中国有化的程度最高。[①] 尽管如此，西方国家国有企业比重依然很低。自从 20 世纪 70 年代尤其是 80 年代以来，由于国有企业固有的弊端等因素，自从英国开始掀起私有化浪潮以来，西方国家纷纷掀起了私有化浪潮，国有企业比重进一步降低。

从原苏联东欧等社会主义国家以及许多发展中国家来看，由于受到传统的教条式的马克思主义理论影响，国有企业比重长期以来一直占据主导地位。自从 20 世纪 80 年代末到 90 年代初苏联、东欧国家解体以来，各

---

① 晓理：《从国外经验看中国国有资产管理体制改革》，《企业党建》2005 年第 4 期。

国也随同西方国家一样掀起了大规模的国有企业私有化浪潮，国有企业比重大幅度降低。

世界各国国有企业比重大幅度的降低为企业国有资产监管提供了新的思路和模式。但尽管如此，世界各国国有企业及其国有经济依然存在诸多差异，再加以各国文化、历史传统以及法律制度等方面的差异，从而决定了企业国有资产监管模式及其制度的差异。

国外关于企业国有资产监管比较典型的做法主要有如下几个方面：

（1）从企业国有资产所有权的行使来看，主要有两种情形：其一，国家统一所有，比如英国等，我国也是如此。相应地，企业国有资产监管就是一种统一监管。其二，中央与地方分级所有，典型国家如美国、德国等。相应地，企业国有资产监管就是一种分级监管。无论国家统一所有，还是分级所有，并不影响企业国有资产监管模式的界定，但可能因不同国情而影响监管效率。

（2）从政府是否直接行使企业国有资产经营管理权来看，国外主要存在如下几种做法：一是由政府财政部和各主管部门（比如经济部、工业部等）相结合分别行使企业国有资产经营管理权，比如日本、丹麦等。二是政府设立专门主管部门，再结合政府各主管部门行使企业国有资产经营管理权，比如英国政府设立国家企业局（后与英国研究开发公司合并，组建了英国技术集团）、意大利政府设立国家参与部（后改为国库部）、印度政府设立公营企业局、法国政府设立国家参股局等。[①] 三是政府各主管部门在对政府完全所有的企业行使企业国有资产经营管理权的同时，将大批国有企业及其国有资产通过信托方式授权私人企业直接经营管理，最典型的国家是美国。四是由政府财政部、各主管部门或政府专门国有资产管理部门行使企业国有资产经营管理权的同时，还通过设立国家控股公

---

① 英国在20世纪70年代设立了国家企业局，1981年该局与英国研究开发公司合并，组建了英国技术集团，负责国有企业控股及其关联企业的产权监管。意大利在1956年设立了国家参与部，1976年又成立了国会两院常务委员会，1992年撤销了国家参与部，成立了国库部，并与预算部和工业部一起行使国家参与制企业的监管。印度在1965年成立了印度公营企业局，隶属于印度财政部，负责国有资产经营管理的专门机构。法国早先由政府财政部和政府各主管部门相结合分别行使企业国有资产经营管理权，后于2003年在财政部下设了国家参股局，专门行使国有资产管理职能。

司，并授权其代行出资者经营管理权。比如意大利和新加坡等国。意大利通过国家参与部授权国家控股公司经营管理企业国有资产。新加坡则是通过政府财政部授权给政府控股公司和法定机构这一中间层割断了国家与企业之间的直接联系。[①]

（3）从国外企业国有资产监管主体及其监管内容、方式来看，往往与企业国有资产的所有权和经营管理权行使者有关，企业国有资产监管主体一般包括议会、政府职能主管部门、政府审计部门、司法部门、社会公众等，尤其强调议会的监管。不同的监管主体，其监管内容及其方式也存在差异。在美国，议会通过立法，决定有关国有企业的一系列重大问题；美国审计署对国有企业的经营状况、财务收支和债务前景等进行监督；美国的国有民营方式是国有企业监督体制的最大特点。[②] 法国政府向国有企业派驻稽查特派员的做法在当时可谓独树一帜。在新加坡，除了政府可以作为所有者随时对国有企业进行检查之外，而所谓的社会公共监督也是非常有效的。任何机构或个人，只需交纳很少的费用，就可以在注册局调阅任何一家企业的相关资料。在这一点上，政府对社会私有企业的监督与对国有企业的监督是一样的。韩国对国有企业的监督，在更大意义上是通过经营评价委员会每年的评估来实现的。根据评价结果，可向企业提出纠正事项，也可要求罢免有关人员。而且，韩国的新闻媒体可以广泛地报道国有企业的业务评级状况，以此发挥公共舆论监督功能。[③] 德国的董事会和监事会双重体制在西方比较少见，董事会主管企业的日常经营与管理，但关于企业重大问题所做的决策需要得到监事会的批准。政府通过监事会来实现对企业的监督和控制。在瑞典等西方许多国家，议员有权出席国有控股企业股东大会并发表意见，其本质是通过权力制衡机制及提高透明度来实现国有资产的有效经营目标。除此以外，西方国家普遍建立起成熟的市

---

① 晓理：《从国外经验看中国国有资产管理体制改革》，《企业党建》2005 年第 4 期；国务院国有资产监督管理委员会研究室编：《探索与研究：国有资产监管和国有企业改革研究报告》，中国经济出版社 2006 年版，第 58—60 页。

② 曹均伟、李南山：《探索国资监管的创新之路》，上海财经大学出版社 2005 年版，第 58 页。

③ 世界银行编：《官办企业问题研究：国有企业改革的经济学和政治学》，中国财政经济出版社 1997 年版，第 94 页。

场经济体制，其中资本市场（如银行等金融机构）、商品市场、经理人市场、产权市场等比较发达，因此起到了政府所无法替代的对国有企业的外部监管效果。

（4）从国外尤其是西方发达国家来看，企业国有资产监管的共性主要在于：由于市场经济体制较为完善和成熟，以及民主法治化程度较高，议会监管非常明显；司法独立，威慑力很强；社会监管也很明显，社会力量的制衡显著；企业治理结构较为完善，一般实行董事会制，只有德国实行双层委员会制度，即监事会主导董事会制度等。如果从国外企业国有资产监管的共性来看，国外企业国有资产监管模式是：议会监管和社会监管明显、司法威慑力较强以及企业治理结构较为完善。[①]

（5）如果从国外企业国有资产监管的差异来看，主要体现在行政监管权方面，国外企业国有资产监管模式主要分如下几种：①不设立专职监管部门，由政府根据议会的决议设立专门常设委员会、辅以政府各主管部门监管的模式。典型国家如美国等。比如：美国没有设立企业国有资产监管的专职部门。②不设立专职监管部门，由政府财政部和各主管部门监管的模式。典型国家如日本、德国、新西兰、新加坡等。早先的法国、韩国也是如此，后来法国、韩国也设立了专职监管部门。这种模式的特点在于：财政部一般为国有资产管理的政府综合部门，处于管理中心的地位，各主管部门一般负责归口的国有资产管理。③设立专职监管部门，同时辅以政府财政部和各主管部门监管的模式。典型国家如英国、法国、意大利、瑞典、奥地利、俄罗斯、巴西、韩国、印度等。这种模式的特点在于：专职监管部门作为企业国有资产的出资人，行使国家出资人监管权[②]，同时辅以政府财政部和各主管部门对企业国有资产加以监管。[③]

（6）从国外企业国有资产监管立法来看，国外尤其是西方国家的国有企业，在市场条件下，在经营方式方面，多以普通企业形态存在于经济

---

① 银晓丹：《国外企业国有资产监管模式法治研究及借鉴》，《社会科学辑刊》2010 年第 3 期。

② 印度政府财政部下设的公营企业局并不享有企业国有资产的所有者权能，主要是为政府各主管部门监管企业国有资产提供服务的专门辅助机构。

③ 银晓丹：《国外企业国有资产监管模式法治研究及借鉴》，《社会科学辑刊》2010 年第 3 期。

生活中，在法律范围内常把国有企业按照私人企业进行经营，企业自主权很大，政府干预较少。比如：美国对国有企业往往采取租赁经营方式和系统工程承包方式；新加坡的国连公司等。但从立法角度来看，由于西方发达国家国有企业非常少，国有企业并不占市场主导地位，不适用市场主导的普通企业的法律规范，而应以特殊企业形态加以立法，“一类一法”或“一特一法”，即往往一个国有企业就有一个特殊的法律予以规制。比如美国关于田纳西河流域管理局的立法、日本关于国有高速铁路专门立法等。

从国外企业国有资产监管的理论研究来看，由于世界各国尤其是西方发达国家无论历史上曾经出现的国有化浪潮和私有化浪潮，由于国有企业固有的弊端，以及遵循私有制的价值理念，决定了国外尤其是西方国家国有企业的比重均较低。因此，国外更多的是关于公司治理的研究，而较少有国有企业及其国有资产的研究，更遑论法律层面的研究。即使国外有关于国有企业及其国有资产的研究，也更多的不是涉及本国的国有企业及其国有资产，而是涉及原苏联东欧以及中国等社会主义国家的国有企业及其国有资产。如果说国外学者有某些关于本国的国有企业、国有资产及其监管研究，一般是以私有财产的价值理念来加以分析，常把国有资产作为“国家私产”对待，而且更多的是从一般意义上的财产角度加以研究，从而间接涉及或有助于思考企业国有资产监管问题。比如美国学者克里斯特曼的《财产的神话——走向平等主义的所有权理论》、斯蒂芬·芒泽的《财产理论》、英国学者 F. H. 劳森和 B. 拉登的《财产法》等。[①] 也有许多学者分析了国有企业私有化问题，从而有助于思考企业国有资产监管问题。[②] 此外，从国外相关立法来看，也有助于研究企业国有资产监管。比如《法国民法典》《德国民法典》以及《法国国有财产法典》《日本国有财产法》和《韩国国有财产法》等涉及国家所有权及其国有资产的规定。目前，主要是中国学者基于中国改革的需要对国外国有企业、国有财产及其监管的研究较多。比如罗红波、戎殿新的《西欧公有企业大变革》、王

① ［美］克里斯特曼：《财产的神话——走向平等主义的所有权理论》，张绍宗译，广西师范大学出版社 2004 年版；［美］斯蒂芬·芒泽：《财产理论》，彭诚信译，北京大学出版社 2006 年版；［英］F. H. 劳森、B. 拉登：《财产法》，施天涛等译，中国大百科全书出版社 1998 年版。

② See Jahn Vickers & George Yerrow, *Privatization*: *An Economic Analysis*, London: Cambridge, 1988.

金存的《破解难题——世界国有企业比较研究》和伍柏麟、席春迎的《西方国有经济研究》等。[①]

学界关于国外企业国有资产监管模式的研究，往往从不同的标准和不同的角度有不同的分类。有的学者认为，国外国有资产监管模式分为所有权和经营权合一的高度集权的监管模式，以韩国和日本为代表；所有权和经营权合一的分权与集权结合的监管模式，以英国、法国、德国和意大利为代表；所有权与经营权分离的分权监管模式，以美国、瑞典为代表。[②]有的学者认为，发达国家国有企业监管模式包括专门部门监管模式、法律监管模式、股份控制模式、层级管理、双重委员会监管模式、审计监管模式和计划合同制模式等[③]；有的学者从国有企业宏观和微观等角度分析国有资产监管模式，从国有企业宏观监管主体来看，主要包括以议会为主体的监管模式、以议会与政府为双重主体的监管模式、以专门设立的政府部门或各级政府分工为主体的监管模式等。[④] 也有学者以典型国家来分类，认为企业国有资产监管模式有美国模式、英国模式、法国模式、日本模式、德国模式、西班牙模式、意大利模式、瑞典模式、韩国模式、新加坡模式和印度模式等。[⑤] 也有学者认为，国外国有资产监管模式主要有以美国为例的分级监管模式、以法国为例的国家财政与行业主管相结合的监管模式、以日本为例的政企合一的监管模式、以英国为例的国家企业局（后与英国研究开发公司合并，组建了英国技术集团）控股的监管模式、以德国为例的监事会制度监管模式等。[⑥] 也有学者认为，国外发达国家企业国有资产监管模式主要有两种：一是采取国有资产专职部门管理为主、

① 罗红波、戎殿新：《西欧公有企业大变革》，对外经济贸易大学出版社 2000 年版；王金存：《破解难题——世界国有企业比较研究》，华东师范大学出版社 1999 年版；伍柏麟、席春迎：《西方国有经济研究》，高等教育出版社 1997 年版。

② 蓝寿荣、张伟伟：《国外国有资产监管的三种模式及其启示》，《佛山科学技术学院学报》（社会科学版）2008 年第 1 期。

③ 李钢：《发达国家国有企业监管模式及其对我国国有资产管理的启示》，《中国金融电脑》2003 年第 11 期。

④ 周绍朋等：《新世纪的国有企业改革与国有资产管理体制研究》，中国人民大学出版社 2006 年版，第 317—318 页。

⑤ 杨文：《国有资产的法经济分析》，知识产权出版社 2006 年版，第 75—130 页。

⑥ 曹均伟、洪登永：《国外国有资产监督模式的比较与借鉴》，《世界经济研究》2007 年第 6 期。

兼有政府主管部门监管的模式。比如意大利、奥地利等国分别确定部际协调委员会、国家参与部（后改为国库部）、公共经济与交通部作为国有资产管理的专职部门来管理政府财产；二是采取政府财政部门综合管理与有关部门专业管理结合的模式。比如日本、韩国、法国和丹麦等国，财政部一般为国有资产管理的政府综合部门，处于管理中心的地位，各主管部门一般负责归口的国有资产管理。[①]

从国外企业国有资产监管实践做法来看，设立专职监管部门，同时辅以政府财政部和各主管部门监管的模式已经成为普遍发展趋势；同时，国外企业国有资产监管注重议会监管和社会监管，以及企业治理结构比较完善。这些均值得我国学习和借鉴。此外，国外国有资产监管立法也值得我国学习和借鉴。比如重视国有资产法律体系建设，国有企业改革一般以立法先行，并通过立法保障国有企业的市场化经营，建立了完备的执法监督机制等。比如日本“国铁”改革制定了若干法律，较重要的有《日本国有铁路改革法》等。[②] 再比如俄罗斯 2002 年颁布了《俄罗斯联邦国有财产和市政财产私有化法》等。

但由于世界各国国有企业及其国有经济存在着很大差异，而且在西方国家，即使自然垄断领域也在逐步引入竞争，引入民间资本；而中国国有企业不仅数量仍非常大，而且国有企业在竞争性领域仍大量存在。因此，面对民主法治化水平不高的中国国情，在我国国有企业暨国有经济尚未彻底完成市场转型的情况下，如何学习和借鉴国外企业国有资产监管法律制度则是一道难题，也是笔者本书研究需要考虑的问题。

（二）国内研究文献状况及评述

纵观世界历史，包括中国在内的所有社会主义国家过分地强调公有制，误读私有制，从而使包括中国在内的社会主义国家的国有企业有着不同于西方国家国有企业的发展路径，不仅表现为国有企业数量庞大，而且国有企业治理存在着更多的政治干预与计划经济的色彩，因而暴露出更多

---

① 廖红伟：《我国国有资产监管问题与对策研究》，《经济纵横》2009 年第 1 期。

② 李源山、黄忠河：《日本国有财产管理与监控的启示》，《外国经济与管理》1998 年第 6 期。

的国有企业诟病，包括但不限于国有资产的严重流失、经营效益低下、“官商结合”带来的权力寻租和损公肥私而产生的变异贫富差距和“官僚经济”等。市场经济的选择和国家现代化的发展要求迫使中国有着比西方国家更重的国有企业改革重任。相对于多数国家尤其西方国家市场条件下的国有企业而言，中国国有企业面临着从计划经济向市场经济转型以及市场经济尚未成熟的现状，从而使中国的国有企业游离于计划与市场之间；同时，中国的国有企业又面临着政府职能尚未彻底转型以及国家法治化程度较低的现状等因素，因而决定了中国的企业国有资产监管有着更多的特殊性，也决定了中国的企业国有资产监管法律制度目前面临着更多的问题需要研究和解决。

从我国企业国有资产监管实践做法来看，自 1949 年至 1978 年的 30 年之间，我国实行的是高度集权的计划经济体制，因而也就不可能涉及真正的国有资产监管。所谓的“监管”也失去了法律意义。实际上由国家行政机构进行统一的计划管理，所有的国有企业被分别隶属于中央和地方各级主管部门，多头管理模式，形成“条块分割”。国有资产在“人民”的名义下被部门利益、地方利益和少数人利益所分割、瓦解和蚕食。改革开放以来，我国国有资产管理体制经历了放权让利、承包经营、股份制改革和制度创新等阶段。但是，国家对国有企业的管理仍是行政控制主导、各主管部门多头管理的模式，尚未从国有资产产权角度加以监管。企业国有资产在“人民”名义下被泛化的现象依然严重。随着 1992 年明确提出社会主义市场经济体制以后，我国开始思考市场经济条件下的企业国有资产管理体制。为此，党的十四届三中全会明确提出了“对国有资产实行国家统一所有、政府分级监管、企业自主经营的体制”。相应地，我国于 1988 年成立国家国有资产管理局，隶属于财政部。并从立法上明确了企业国有资产的专职管理部门以及国家统一所有、分级管理和多头监管的模式。但由于行政体制改革的滞后，国有资产管理局与相关职能部门存在着大量职能交叉，并没有发挥该局的作用。[①] 因此，1998 年政府机构改革时又

---

① 国务院国有资产监督管理委员会研究室编：《探索与研究：国有资产监管和国有企业改革研究报告》，中国经济出版社 2006 年版。

撤销了国有资产管理局，其职能并入财政部。企业国有资产的出资人职能主要由五个部门承担：财政部负责国有资本金基础管理职能，国家经贸委行使指导国有企业改革和管理的职能，人事部和中共中央大型企业工委负责国有企业主要经营者的任免与考核，新设立的稽查特派员公署派出稽查特派员，实施对国有企业的财务检查与监督。[①] 这就是我们后来常说并加以批评的“五龙治水”模式。2003 年国务院出台了《企业国有资产监督管理暂行条例》，并相应地设立了国有资产监督管理委员会，代表政府行使国有资产出资人职能。2008 年我国又颁布了《企业国有资产法》，进一步从立法上明确了国资委的出资人定位。相比较《暂行条例》而言，首次从立法上明确了人大、政府有关部门、审计部门以及社会公众等有权对企业国有资产加以监督，从而从法律上形成了较为完整的企业国有资产监管体系。2015 年国务院办公厅印发了《关于加强和改进企业国有资产监督　防止国有资产流失的意见》，提出切实强化国有企业内部监督、出资人监督和审计、纪检监察、巡视监督以及社会监督，严格责任追究，加快形成全面覆盖、分工明确、协同配合、制约有力的国有资产监督体系。[②] 因此，我国现行的企业国有资产监管模式可以概括为：除了立法监管、司法监管、社会监管和企业监管外，在行政监管方面，至少从形式上适应了国际上关于企业国有资产监管模式的趋势，即设立专职的监管部门，同时辅以政府财政部和各主管部门监管的模式。

从我国地方的大型国有企业监管的实践经验来看，主要有上海模式、深圳模式、吉林模式和珠海模式，其中最主要的是上海模式和深圳模式。从上海模式来看，上海市在 20 世纪 90 年代建立起了市国资委及其办公室、国有资产运营机构以及国有企业三个层次的国有资产管理体制。从深圳模式来看，深圳市也在 20 世纪 90 年代建立起了市国资委及其办公室、资产经营公司和企业集团公司、市属国有独资企

① 在新一轮政府机构改革中，国家经贸委撤销，相关职能并入商务部；人事部与有关部门合并调整为人力资源和社会保障部；中共中央大型企业工委撤销，成立中共中央企业工作委员会；稽查特派员制度向外派监事会制度转变。

② 宋媛媛：《防止国有资产流失　国家再出新招》，2017 年 4 月 19 日，法治周末网站（http：//www. legalweekly. cn/article_show. jsp？ f_article_id = 11204）。

业和国有控股企业的三个层次的国有资产管理体制。[①] 无论是国家的企业国有资产管理体制，还是各地方国有企业监管的实践经验，企业国有资产监管均取得了一定成就，积累了许多宝贵的经验。但从市场的角度和国际化视野来看，还存在很多争议与不足。比如国资委作为出资人，市场化不够，实际上仍或多或少行使着社会公共管理职能，政府干预色彩依然浓厚，会产生新的"婆婆"[②]；国资委是否可以作为出资人？[③] 是否撤销国资委而设立若干国家控股公司？国资委是否应当归入人大系列？国有企业的监事会还存在诸多不足；国有企业经营的透明度不够；人大、司法机关以及社会监督等还面临着体制性障碍，从而导致人大、司法机关以及社会监督的软化和虚设；企业国有资产监管的法律体系还有待完善等。

从企业国有资产监管的理论研究来看，随着我国改革开放以来，社会主义市场经济体制的改革加快了国有企业改革步伐，国有企业私有化进程大大加快，私有或公私混营企业以及"三资企业"大量出现并成为发展趋势，因而无论法学还是经济学、管理学等关于公司制度的研究非常繁荣，但关于非公司制国有企业的研究则相对较少。国有企业研究也多是从经济学、管理学等角度研究，法律视野研究很少。即使研究国有企业，也是更多地研究国有企业改革问题，而缺乏对市场条件下保留下来的国有企业的专门研究，对于国有资产监管方面的研究就更少。即使研究国有资产监管问题，也是整体泛泛而言，而缺乏分门别类的专门研究，比如企业国有资产监管的研究，更缺乏企业国有资产监管的法律研究。

从现有的理论文献资料来看，目前中国学术界关于企业国有资产监管的著述不多，法学视角研究企业国有资产监管的就更少，目前笔者及陈雄

① 国务院国有资产监督管理委员会研究室编：《探索与研究：国有资产监管和国有企业改革研究报告》，中国经济出版社2006年版，第10—14页；曹均伟、李南山：《探索国资监管的创新之路》，上海财经大学出版社2005年版，第79—85页。

② 蔡红：《企业国有资产监管行为外部性的法治规则》，《开放导报》2005年第3期。

③ 史际春等：《企业国有资产法理解与适用》，中国法制出版社2009年版，第3页；谢次昌：《国有资产法》，法律出版社1996年版，第49页。

根进行了专题研究。[①] 虽然说有些论著也从法律层面涉及企业国有资产监管问题，但都是涉及其中某一方面，比如国有资本经营预算制度，这实际上是立法监管中的一部分内容。但许多学者并没有上升到立法监管层面去思考。再比如有学者提及国有出资人制度，这也是企业国有资产监管的一部分内容，而且也不是企业国有资产监管的关键等。

学界和实务界常把国有资产管理等同于国有资产监管，其实“监管”仅是“管理”的一部分，“监管”有其特殊性。另外，相比较而言，杨文的《国有资产的法经济分析》、屈茂辉的《中国国有资产法研究》、谢次昌的《国有资产法》和刘玉平主编的《国有资产管理》等关于国有资产监管论述的较多[②]，尤其是杨文的《国有资产的法经济分析》，但他们往往没有过多从中国问题出发分析国有资产监管问题，而多是宏观上笼统谈论加强国有资产管理体制改革，以及立法监管和司法监管等，从而忽视了立法监管、司法监管与行政监管等模式选择与比较及其相互关系和协同作用比例，忽视了转型时期中国政治体制的特殊性或是简单地回避了相关问题，并进而决定了中国企业国有资产监管的难点和盲点；更没有从企业国有资产监管法律制度层面系统研究企业国有资产监管存在的问题和对策，也没有系统地思考企业国有资产监管法律体系等。

至于企业国有资产监管中的国家监管、社会监管和企业监管等，虽然有学者提及相关内容[③]，然而缺乏从企业国有资产监管的现实问题出发加以专门研究，也缺乏从法学尤其是经济法学角度来解读和构建企业国有资产监管法律制度体系。无论学界还是实务界还有许多人尚未彻底转变价值理念，总认为加强监管就可以解决问题。而问题的实质在于，国有企业基

---

① 银晓丹：《企业国有资产监管法律制度研究》，博士学位论文，辽宁大学，2010 年；陈雄根：《国有资产监管法律制度研究》，博士学位论文，中南大学，2008 年；陈雄根：《国有资产监管法律制度研究》，中国经济出版社 2012 年版。

② 杨文：《国有资产的法经济分析》，知识产权出版社 2006 年版；屈茂辉：《中国国有资产法研究》，人民法院出版社 2002 年版；谢次昌：《国有资产法》，法律出版社 1997 年版；刘玉平主编：《国有资产管理》（第 3 版），中国人民大学出版社 2016 年版。

③ 杨文：《国有资产的法经济分析》，知识产权出版社 2006 年版，第 202—209 页；刘玉平主编：《国有资产管理》，中国人民大学出版社 2016 年版，第 257—282 页。

于天然的所有者缺位和天然的行政垄断倾向等[①]，就决定了国有企业不是市场的主要形态。与其强调国有资产监管，不如最大限度地还权于民，即市场竞争属性的国有企业私有化与市场化，这是避免国资流失的最佳途径。只有在市场失灵导致国有资产非存在不可的情况下，才会考虑国有企业。而这种国有企业，理性注定了对其国有资产监管非理想化。因此，监管法律制度的选择不是建立在理想化基础上，而是建立在国有企业天然缺陷的基础上。在这种前提下，对企业国有资产监管模式及其监管法律制度设计时，出资人制度不是企业国有资产监管的核心，而更侧重于以社会监管制度为主，辅助国家监管和企业监管。[②] 基于此理念，我们尽可能从法律上完善国家监管和企业监管法律制度。在国家监管层面，不能仅强调行政监管，更要强调立法监管和司法监管，而这恰是我国所缺乏的。

综上所述，我国缺乏企业国有资产监管法律研究，关于监管主体再监管的问题更是无人问津。如何把国外经验借鉴并运用到中国实际也是值得研究的。从企业国有资产监管实践来看，一方面，我国缺乏较高的民主法治的宪政环境，导致无论国家监管、社会监管和企业监管均面临“先天不足”；另一方面，国资委的出资人职能与政府的社会公共管理职能等并未彻底理顺。以上均是本书研究需要引起注意的问题。

三　选题的研究思路、方法和主要内容

本书以非金融性企业国有资产监管法律制度的构建作为主线，结合《物权法》《公司法》和《全民所有制工业企业法》等进行国有资产的内涵解构和分类，分析企业国有资产在所有权、使用权等方面的特殊性；通过国有企业路径演变，分析市场经济条件下体制转型后的国有企业的市场

---

① 国有企业无论如何设立出资人制度，仅是相对改善而已，而不能根本解决国有资产出资人问题；国有企业出资人仍是抽象的主体，落实到具体责任人，均存在经济人特性问题。同时，国有企业的特点决定了政企难以分开，国内外均不例外，无非是政企不分的程度区别而已，从而决定了国有企业具有行政垄断的天然倾向。

② 国家监管存在政府失灵的可能性，包括但不限于国家既得利益者容易与国有企业经营者同谋的情形等；企业监管存在着因国有企业所有者的天然缺位而导致企业自治监管缺乏产权动力的尴尬。

定位及其存在价值，分析企业国有资产监管的必要性；根据前已述及的企业国有资产在所有权、使用权等方面的特殊性，基于经济法学的视角，结合行政法学、立法法学、司法体制和社会法学等研究企业国有资产监管权；通过企业国有资产监管权，提炼企业国有资产监管模式，分析和比较国外尤其是西方发达国家的企业国有资产监管模式，进而分析我国企业国有资产监管模式及其历史沿革，判析其中存在的缺陷与不足；阐述我国企业国有资产监管模式重构的理论前提，从而提出有别于西方国家并考虑到“国家所有权神话”基础上的中国企业国有资产监管模式；结合企业国有资产监管模式，进而阐述中国企业国有资产监管的具体法律制度的构建及其立法完善与建议；在此基础上，寻求构建对监管主体加以监管的法律制度，以及企业国有资产监管法律责任及其救济制度等。

本书在法学的基础上，适当吸收经济学、管理学、行政学、政治学、社会学和历史学等学科的理论知识，充分运用经济分析法学、规范法学、经验法学等法学方法论和制度经济学的分析工具，综合运用价值分析、逻辑分析、调查实证分析、历史分析、比较分析、系统分析和博弈分析等多种研究方法，理论联系实际，结合中外具体国有企业监管案例加以研究，追求研究的客观性和实践价值。

本书共分七章，主要内容及思路如下：

第一章为绪论。主要包括研究背景、研究目的与意义、国内外文献综述、论文的研究思路、方法和主要内容、论文结构安排以及论文的创新与不足等。

第二章为企业国有资产内涵的法理解读。首先，从资产分析到国有资产的概念、法律特征和种类，进而分析到企业国有资产的概念、法律特征和种类。其次，从经济法学及其他部门法学的视野分析企业国有资产的法律价值和功能定位，进而分析到企业国有资产监管的必要性及其监管的特殊性。

第三章为企业国有资产监管基本范畴解析。首先，分析企业国有资产监管的概念、特征、性质、正当性、目标、种类及其基本原则。其次，专门研究企业国有资产监管权，这是构建企业国有资产监管模式的重要基础。在分析企业国有资产监管权的概念、特征、性质和主要内容的基础上，阐述相关法律权利与监管权的关系，比如立法权、行政权、司法权以及公民权利与企业国有资产监管权关系等。

第四章为企业国有资产监管模式的比较分析。首先，对企业国有资产监管模式基本范畴进行解析。其次，分析国外企业国有资产监管模式及其经验、教训。最后，分析我国企业国有资产监管模式的现状、缺陷及其原因。

第五章为我国企业国有资产监管模式的法律构建。首先阐述我国企业国有资产监管模式法律构建的前提，主要包括：①国家所有权与企业国有资产监管法律制度的选择；②中国转型时期与企业国有资产监管法律制度的选择；③国外企业国有资产监管经验与企业国有资产监管法律制度的选择。其次，分析我国企业国有资产监管模式法律构建的基本原则。最后，在此基础上，分析我国企业国有资产监管模式的法律构建。

第六章为我国企业国有资产监管具体法律制度设计。首先，分析国家监管法律制度设计，包括立法机关监管、行政机关监管和司法机关监管。其次，分析企业监管法律制度设计，包括出资人制度、董事会制度、经理层制度和监事会制度等。再次，分析社会监管法律制度设计，包括政党监管、社会团体监管、新闻舆论监管、公民监管和市场竞争利益者监管等。最后，分析对监管主体监管的法律制度。包括对监管主体监管的内涵及其理论界定、我国对监管主体监管制度的缺陷及其成因分析以及对监管主体监管的法律制度构建，以形成一个完整的企业国有资产监管体系。

第七章为企业国有资产监管法律责任及其救济。首先，分析企业国有资产监管法律责任界定。其次，分析法律责任的缺失，包括监管责任主体构建的缺失，监管责任形态构建的缺失，表现违宪责任的缺失，行政责任、民事责任和刑事责任规定的不足。最后，提出了解决法律责任缺失的对策。

四 选题的创新点与不足

（一）选题的创新点

（1）目前关于国有资产监管的文章基本上是从整体上而非专门的国有企业角度、是从经济学和管理学而非法学等角度加以分析，而缺乏法律制度层面上对企业国有资产监管加以专门研究。本书从法学视角尤其是经济法学视角，从宪政的高度，结合经济学、管理学和政治学等多学科角度专门分析非金融企业国有资产监管法律制度，从而填补了该领域研究的空白，既有助于完善经济法理论体系，也有助于企业国有资产监管的实践。

（2）本书运用经济法学的视角，结合《物权法》《全民所有制工业企业法》和《公司法》等相关法律法规，试图对国有企业、企业国有资产及其监管的内涵进行法理解读，并提炼出国有资产监管权概念，以及监管权与相关概念的关系。

（3）本书试图突破“国家所有权的神话”，理性看待企业国有资产监管，并基于中国转型时期的特殊性和国外企业国有资产监管法律制度的经验和教训，基于企业国有资产监管权，试图提出我国企业国有资产监管模式，以期构造专门的企业国有资产监管法律制度。

（4）本书试图突破《企业国有资产法》，正确认识企业国有资产出资人在企业国有资产监管中的作用和定位，反思与重构国有企业的出资人制度。

（5）本书试图分析和构建对监管主体加以监管的法律制度以及企业国有资产监管法律责任及其救济制度。

（6）本书试图提出构建完整的企业国有资产监管法律体系，为国有资产监管立法提出立法建议和对策等。

（二）选题的不足

（1）关于国外企业国有资产监管的研究，目前主要采取列举国外几个主要国家加以论证的做法。比如美国、法国、英国、瑞典和新加坡等，并列举一些典型案例，比如美国的田纳西河流域管理局、新加坡的淡马锡控股公司等。这种研究由于受到条件限制有它的可取性和现实性，但往往不能足够涵盖全面。而且，目前主要局限于西方发达国家的研究，而缺乏关于原苏联东欧等社会转型国家以及不同地区发展中国家的研究。因此，在构建我国企业国有资产监管法律制度时，学习和借鉴国外企业国有资产监管的经验和教训不具有全面性，尚有待进一步挖掘。

（2）鉴于金融性企业国有资产监管属于金融监管范畴，有其特殊性，故本书侧重非金融性企业国有资产监管研究。但随着社会经济的发展，非金融性国有企业与金融性国有企业存在着业务交叉的发展趋势，从而给国有资产监管带来了一些新的挑战，而这恰是本书所难以顾及的。

（3）除了国内存在着庞大的国有资产外，在我国境外还有大量的国有资产。虽然本书也顾及境外的企业国有资产监管，但念及境外企业国有资产资料的不足和缺乏实证分析，故本书对境外企业国有资产监管可做一般性适用，但尚缺乏对境外企业国有资产监管的特殊性实证分析。

（4）不同的企业国有资产监管模式，涉及不同的监管主体；不同的监管主体有着不同的监管内容及其监管方式和手段。鉴于本书侧重企业国有资产监管模式的构建以及不同监管主体的作用、功能定位及其协调效力等，而就其监管内容和监管方式、手段等仅做一般性分析，而未予以细化分析。

鉴于上述诸多因素，对于上述不足留待笔者在今后的实践工作中进一步加以思考，并在适当时机加以专题研究，也是本书研究的延续。

第二章

企业国有资产内涵的法理解读

一 企业国有资产的概念、法律特征和种类

（一）国有资产概念、法律特征和种类

学界有人认为，资产与财产从严格法律意义上而言，并非同一概念，只有作为生产要素投入生产经营活动的财产才称为资产；反之，即为财产。简而言之，资产是一种财产，而财产不一定是资产。[①] 从英译词汇来看，资产一般译为“Asset”，也有译为“Property”或“Fund”，而财产一般译为“Property”。但是在国内，人们习惯把“国有资产”与“国有财产”等同，二者表述的内涵和外延也是相同的，也就不难理解我国《企业国有资产法》的法律称呼。笔者也遵循此习惯。因此，下文所涉及的“财产”均与“资产”等同。

所谓资产，是指由所有者拥有和控制的能以货币计量的经济资源，具体包括各种财产、债权和其他权益。在国外，“资产”一般多用“财产”表示，相关立法也多以“财产法”称呼，比如日本、韩国和我国台湾地区的《国有财产法》等。所谓财产（Property），普通法之父布莱克斯通认为，财产是某人凭借着一种完全排他的、对外在的物的请求或行使的权利。[②] 而且，他认为，法律对私有财产权的保护是如此严密，以至于不能允许对私有财产权的哪怕是最轻微的侵犯，甚至哪怕这种侵犯是出于整个

---

① 杨文：《国有资产的法经济分析》，知识产权出版社 2006 年版，第 3 页；史际春等：《企业国有资产法理解与适用》，中国法制出版社 2009 年版，第 6 页。

② ［英］布莱克斯通：《英国法律评论（英国法释义）》，转引自王利明《国家所有权研究》，中国人民大学出版社 1991 年版，第 20 页。

社会的公共利益考虑。[①]

资产根据不同的标准有不同的分类。按照所有制来分类，我们可以将资产分为私有资产、集体资产和国有资产。包括中国在内的传统社会主义国家在其计划经济时期基于教条式的公有制理念，从而表现出不同于西方国家的国有资产发展路径，不仅表现为数量庞大的国有资产，而且集体资产也有别于西方国家的集体资产的内涵[②]，同时也更习惯于以所有制标准对资产加以分类及其立法，并实行有违于市场机制的非国民待遇的区别对待。然而，在西方社会，基于私有制的价值理念，私有财产一直占据主导地位。在西方法学家看来，财产的概念是对私有财产的解释。杰里米·沃尔德伦（Jeremy Waldron）就曾经说过，所有权是一个只有私人财产制度才能加以具体说明的概念。[③] 根据《牛津法律大辞典》的解释，财产主要有三种含义：①被拥有或可能被拥有的事物，如财富、财物和土地；②所有权，即唯一拥有、享用和使用某物的权利；③归某人合法所有之物，即受法律保护而私人享有的有形财产权和无形财产权。[④] 即使关于国有资产的研究，也纯粹是以私有财产的观念和原则来进行分析的，例如把国有资产称为"国家私产"等。这种财产的观念和研究方法，是由西方法学家根深蒂固的私有财产观念所决定的。[⑤] 正如马克思所言，罗马人的"主要兴趣是发展和规定那些作为私有财产的抽象关系的关系"[⑥]。基于商品经济的延续性，西方国家一直秉持了罗马法的私有财产观念。

关于国有资产的定义，西方国家一般是从财产产权界定来源的角度对国有资产加以定义，比如法国、德国、瑞典等国。亚洲市场经济发达国家也受此影响，比如日本、韩国、新加坡以及我国台湾地区等。从国外国有

---

① ［英］布莱克斯通：《英国法释义》第1卷，游云庭、缪苗译，上海人民出版社2006年版，第158—159页。

② 传统社会主义国家计划经济时期的合作社等"集体"表现有别于西方国家的合作社、股份合作制等"集体"表现。

③ ［美］克里斯特曼：《财产的神话——走向平等主义的所有权理论》，张绍宗译，广西师范大学出版社2004年版，第39—40页。

④ ［英］戴维·M. 沃克主编：《牛津法律大辞典》，北京社会与科技发展研究所编译，光明日报出版社1989年版，第729页。

⑤ 王利明：《国家所有权研究》，中国人民大学出版社1991年版，"前言"第1—2页。

⑥ 《马克思恩格斯全集》第1卷，人民出版社1972年版，第382页。

资产立法就可以看出，比如日本《国有财产法》第 2 条第 1 款规定，本法所称的国有财产，是根据法律规定国家负担的国有财产，或根据法令规定赠予而成为国有的财产。[①] 韩国《国有财产法》第 3 条第 1 款规定，本法中的“国有财产”是指符合以下几项规定的财产，是由国家行使权力或国家接受捐赠的财产，或根据法律或条约的规定成为国有的那一部分财产。[②] 我国台湾地区法律受日本影响较大，1969 年制定了“国有财产法”，后对此进行了多次修订。根据台湾地区“国有财产法”（2002 年修正）第 2 条规定，“国家”依据法律规定，或基于权力行使，或由于预算支出，或由于接受捐赠所取得之财产，为“国有”财产。凡不属于私有或地方所有之财产，除法律另有规定外，均应视为“国有”财产。[③]

从我国大陆来看，迄今尚无统一整体的国有资产立法。我国 2008 年通过的《企业国有资产法》对“国有资产”也是笼统说法，即国家对企业各种形式的出资所形成的权益。国务院代表国家行使国有资产所有权。从我国学界来看，关于国有资产的定义大同小异，没有什么分歧。顾名思义，国有资产是指属于国家所有的一切财产权利的总和。[④] 李昌麒教授认为，国有资产是指国家依法取得和认定的，或者国家以各种形式对企业投资收益、国家向行政事业单位拨款等形成的财产。[⑤] 如果结合国有资产产权界定来源来看，笔者以为，所谓国有资产，是指国家以各种形式通过投资、收益、拨款、接受赠予或凭借国家权力所取得或依法认定等所形成的并在法律上由国家代表全民拥有所有权的各类资产及其权益。国有资产有广义和狭义之分。广义的国有资产既包括经营性国有资产，也包括非经营性国有资产和资源性国有资产。狭义的国有资产仅指经营性国有资产。各国国有财产立法以及我国学界一般都是从广义国有资产加以理解。笔者上述关于国有资产的定义也是从广义上而言。

关于国有资产的特征，不同的学科对此有不同的表述，比如经济学和

---

① 《日本国有财产法》（1948 年 7 月 1 日施行，2002 年修订版）。

② 《韩国国有财产法》（2001 年 12 月 31 日修订版）。

③ 台湾“国有财产法”（1969 年 1 月 27 日公布，2002 年 4 月 24 日修订版）。

④ 《企业国有资产监督管理暂行条例》起草小组：《企业国有资产监督管理暂行条例释义》，中国法制出版社 2003 年版，第 7 页。

⑤ 李昌麒主编：《经济法学》，中国政法大学出版社 2002 年版，第 476 页。

管理学往往从国有资产的形态、功能和作用等方面加以归纳表述其特征。从法学来看，国有资产的法律特征主要包括如下几点：

（1）从所有权属性来看，国有资产体现了国家所有权。

（2）国有资产所有权主体的唯一性，即国有资产的出资人是国家，由国家代表全民行使国家所有权。以往常说的“全民所有制”严格而言不严谨，“人民”作为政治概念不能作为产权主体，理应由国家行使国家所有权。全民并不等同国家，让全民作为产权主体，有悖一物一权主义。①

（3）国有资产产权界定的法定性，即国有资产无论是通过国家投资、收益、接受赠予，还是通过国家公权力强制取得等，均有法定依据。这也是当今世界各国法治化的发展趋势。

（4）国有资产所有权行使的委托代理性，即国家作为国有资产所有权主体是通过具体的国家机关（如立法机关、行政机关等）来行使，其中存在着委托代理关系或信托关系。② 这也决定了国有资产监管的特殊性。

（5）国有资产是国有资产法律关系的客体，同样也必然成为国有资产监管的对象。

关于国有资产的分类，根据不同的分类标准，国有资产往往有不同的分类。前已述及，在西方国家，一般用“财产”说法，由于国有财产相对较少，尤其经营性国有财产相对较少，因此，国有财产的分类比较单一和统一。比如意大利把国有财产分为可处分的国有财产和不可处分的国有财产；法国的《国有财产法》将国有财产区分为公产和私产等。③ 同样，日本、韩国和我国台湾地区也是如此。比如日本把国有财产分为行政财产和普通财产。其中，行政财产分为：①公共财产，指在国家中供国家的事

---

① 郭广辉、王利军：《我国所有权制度的变迁与重构》，中国检察出版社2005年版，第134页。

② 比如有学者从信托法的角度分析国有资产的经营管理及其信托监管等。参见席月民《国有资产信托法研究》，中国法制出版社2008年版。再比如有学者认为，竞争性行业的国有资产应当采用信托制度进行管理。参见郭广辉、王利军《我国所有权制度的变迁与重构》，中国检察出版社2005年版。

③ 《法国国有财产法》（1957年）。

务、事业及其职员［指国家公务员宿舍法（1949 年法律第 117 号）第 2 条第 2 号的职员］居住使用或已决定供其使用的财产；②公共用财产，是指在国家中直接供公共使用的或已经决定供其使用的财产；③皇室用财产，指在国家中直接供皇室使用或已经决定供其使用的财产；④企业用财产，指在国家中供国家企业或其从业的职员居住使用或已经决定供其使用的财产。普通财产是指除行政财产以外的一切国有财产。[①] 韩国国有财产根据其用途分为行政财产、保存财产与杂项财产。其中，行政财产分为：①公用财产，指国家直接作为其办公用、事业用，以及当作公务员居住用的正在使用或决定将要使用的财产；②公共财产，指国家直接作为公共用的正在使用或决定使用的财产；③企业用财产，指政府企业直接作为其办公用、事业用正在使用的财产或在相应企业工作的职员正在居住使用或决定要使用的财产。保存财产是指根据法律法规或其他需要，国家所保存的财产。杂项财产是指行政财产以及保存财产以外的所有国有财产。[②] 我国台湾地区把"国有"财产分为公用财产与非公用财产两类。公用财产包括：①公务用财产，指各机关、部队、学校、办公、作业及宿舍使用之"国有"财产均属之；②公共用财产，指"国家"直接供公用之"国有"财产均属之；③事业用财产，指"国营"事业机关使用之财产均属之。但"国营"事业为公司组织者，仅指其股份而言。非公用财产，系指公用财产以外可供收益或处分之一切"国有"财产。[③]

但在我国，由于国有资产数量庞大，国家所拥有的自然资源以及国有企业市场转型尚未完成，政府职能也尚未彻底转型，从而决定了目前我国还不能简单照搬国外尤其是发达国家关于国有资产的分类。在我国，关于国有资产的分类，根据不同的标准，有不同的分类。有的学者认为，按与社会经济活动的关系划分，国有资产可以分为经营性国有资产、非经营性国有资产和资源性国有资产；按存在的形态划分，国有资产可分为固定资产、流动资产、无形资产及其他资产；按管理体制划

---

① 《日本国有财产法》（1948 年 7 月 1 日施行，2002 年修订版）。

② 《韩国国有财产法》（2001 年 12 月 31 日修订版）。

③ 台湾"国有财产法"（1969 年 1 月 27 日公布，2002 年 4 月 24 日修订版）。

分，国有资产可分为中央国有资产和地方国有资产等。[①] 谢次昌教授也认为，以资产存在的形态为标准可将国有资产划分为固定资产、流动资产、无形资产和其他资产。[②] 有的学者认为，国有资产按经营性资产与非经营性资产、有形资产与无形资产、金融性资产与非金融性资产、资源性资产与自然资产等来区分。[③] 也有学者把国有资产分为国有资本性资产（经营性国有资产）、非经营性国有资产和资源性国有资产等。[④] 总之，我国学界和实务界一般将国有资产分为行政事业性国有资产、资源性国有资产和经营性国有资产。

经营性国有资产是指国家投资到生产经营领域，从事生产经营活动的各类资产。经营性国有资产一般就是通常所言的企业国有资产。但严格而言，广义的经营性国有资产除了企业国有资产外，还包括非企业单位经营性国有资产等。因此，严谨的说法在于，经营性国有资产从狭义上而言是指企业国有资产。

（二）企业国有资产概念、法律特征和种类

前已述及，企业国有资产就是狭义的经营性国有资产。所谓企业国有资产，是指国家作为出资者投资于企业，并在企业中拥有的资本及其权益。根据我国《企业国有资产法》第 2 条的规定，本法所称企业国有资产，是指国家对企业各种形式的出资所形成的权益。[⑤] 简而言之，企业国有资产就是国有独资企业、国有独资公司、国有控股公司和国有参股公司中由国家投资形成的国有资本及其权益。

但我们不能简单地认为，企业国有资产就是国有企业的资产。这也是学界和实务界部分人存有的误读。主要基于如下三点理由：一是国家投资的企业不能笼统地称为国有企业。根据世界银行的观点，国有企业是指政

---

① 刘玉平主编：《国有资产管理》，中国人民大学出版社 2008 年版，第 7—10 页。

② 谢次昌：《国有资产法》，法律出版社 1997 年版，第 4 页。

③ 杨文：《国有资产的法经济分析》，知识产权出版社 2006 年版，第 6 页。

④ 史树林、庞华玲等：《国有资产法研究》，中国财政经济出版社 2003 年版，第 134—149 页。

⑤ 《中华人民共和国企业国有资产法》（2008 年 10 月 28 日颁布，2009 年 5 月 1 日实施）。

府拥有或政府控制的经济实体，它们从产品和服务的销售中创造主要的收入。[①] 从我国来看，所谓国有企业，按照通说，是指资本全部或主要由国家投入，该资本或该资本形成的股份归国家所有的企业。[②] 也有学者认为，按国际上的通行标准，政府对企业的投资达到50%的企业，甚至国有资本在企业资本中超过10%的企业，只要是国家或者政府对其实施控制或者控制性影响的各种企业，都称为国有企业。[③] 换言之，国有企业的具体形式有全民所有制企业（国有独资企业）、国有独资公司和国有控股公司等[④]，而国有参股企业就不是国有企业，但国有参股企业中有国有资本及其权益。二是国有独资企业中全部都是国有资本及其权益，但国家在国有控股企业和国有参股企业中只拥有部分国有资本及其权益。三是具有法人资格的国有独资企业、国有控股企业和国有参股企业拥有独立的法人财产权。[⑤] 我国《公司法》也明确规定，公司享有由股东投资形成的全部法人财产权，依法享有民事权利，承担民事责任。[⑥] 也就是说，上述企业的资产属于企业本身，国家及其他投资者对国有独资企业、国有控股企业和国有参股企业投资部分享有的是一种资本及其权益，即股权。“国资立法”的适用范围主要限定在经营性国有资产，即企业国有资产[⑦]，我们也就不难理解为何有些学者把经营性国有资产又称为国有资本性资产[⑧]；也不难理解有些学者把《企业国有资产法》理解为“国有财产投资经营法”或“国有资本法”[⑨]。

---

① 世界银行编：《官办企业问题研究：国有企业改革的经济学和政治学》，中国财政经济出版社1997年版，第21页。

② 漆多俊主编：《经济法学》，高等教育出版社2003年版，第274页。

③ 史际春：《国有企业法论》，中国法制出版社1997年版，第10—18页。

④ 学界许多学者表达了同样观点。参见甘培忠《企业与公司法学》（第3版），北京大学出版社2004年版，第84页。

⑤ 关于法人资格的企业是否具有法人所有权，学界一直争论，尚无定论。我国立法界为此采取了模糊的概念，即“法人财产权”的说法。后文涉及“法人财产权”说法均做此注释。

⑥ 《中华人民共和国公司法》（2004年修订版）。

⑦ 李昌庚：《国有财产法原理研究——“国有资产法”正本清源之一》，中国社会科学出版社2015年版，第54页。

⑧ 史树林、庞华玲等：《国有资产法研究》，中国财政经济出版社2003年版，第134—149页。

⑨ 史际春等：《企业国有资产法理解与适用》，中国法制出版社2009年版，第9页。

学界关于国有企业和国有资产的特征有诸多概括，也有从经济学等视角对经营性国有资产（或企业国有资产）的特征加以概括的陈述，但关于企业国有资产的法律特征，却缺乏分析。笔者以为，企业国有资产除了具有国有资产的一般法律特征外，还有自身特有的法律特征。概而言之，企业国有资产的法律特征主要包括如下几点：

（1）企业国有资产的资本及其权益属于国家所有，企业拥有法人财产权，国家并不直接经营管理企业国有资产，实现所有权与经营权的分离。

（2）在中央与地方关系方面，我国企业国有资产实行国家统一所有、地方分别管理的模式。尽管学界对此存有争议，有学者主张对企业国有资产实行中央与地方分别所有的制度①，但我国现有的立法（比如《企业国有资产法》）及其党和国家的政策是反对这种主张的。在国外，有些国家采取我国的做法，比如英国等。有些国家则采取中央与地方分别所有的模式，比如美国、德国等。此外，苏联解体后，俄罗斯也采取了中央与地方分别所有的做法。笔者以为，这个问题有待于进一步探讨，它将直接关系到企业国有资产监管法律制度的构建及其成效。

（3）企业国有资产适用范围的特殊性。依市场之一般要求，企业国有资产一般多存在于非竞争性领域，由此而形成的国有企业多为特殊企业。市场经济发达国家一般如此。但在我国，由于受传统计划经济体制的影响，企业国有资产还大量存在于市场竞争领域，存在“与民争利”的现象。2010 年，在国资委统计的 124455 户国有企业中，基础性行业中的户数占 27.47%，一般生产加工行业中的户数占 20.38%，商贸服务及其他行业的户数占 52.15%。70% 以上的国有企业仍分布在一般生产加工、商贸服务等各类竞争性领域中。② 这也是中国与其他国家在国有资产方面的一个重要差异，从而也决定了我国企业国有资产监管的复杂性和特殊性。因而，我国企业国有资产监管法律制度构建的重要前提就是实现企业国有资产的市场转型。

---

① 史际春等：《企业国有资产法理解与适用》，中国法制出版社 2009 年版，第 23 页。

② 夏荣静、陈莹莹：《推进我国国有资产管理体制改革的探讨综述》，《经济研究参考》2015 年第 12 期。

（4）企业国有资产的经营性。相比较行政事业性国有资产和资源性国有资产而言，企业国有资产是国家投资企业从事生产经营活动的产物，具有经营性和保值增值性。这种“经营性”并不要求企业国有资产都具有营利性，因为国有企业并非都以营利作为目标，有些国有企业还承担着公共政策性职能。在西方国家，甚至允许部分国有企业承担政策性亏损，以满足公共产品需要。有些学者所谓的国有企业或企业国有资产的营利性特点是不严谨的。[①] 这就决定企业国有资产监管相比较其他国有资产监管有其特殊性。

（5）企业国有资产立法的特殊性。国有企业以及国家投入生产经营活动所形成的企业国有资产在市场经济社会中，一方面作为市场主体与其他市场主体平等参与市场竞争，因而具有私法属性；另一方面它又作为国家调控经济、弥补市场失灵的重要工具，执行着部分公共政策职能，因而具有公法属性。因此，国有企业及其企业国有资产兼具私法人和公法人、社团法人与财团法人、营利性法人与公益法人特点。[②] 也正因为如此，国有企业在西方国家是作为特殊企业对待，相应地，国有企业及其企业国有资产立法具有特殊性，往往是以特别法出现，“一特一法”或“一类一法”等。比如美国的田纳西河流域管理局就有专门的立法等。这应当成为我国国有企业及其企业国有资产立法的发展走向。基于中国的国有企业及其企业国有资产处于社会转型时期，因而其立法及其法律适用还具有相当的政策性特征。[③]

关于企业国有资产分类，根据不同标准，学界有不同的分类。按照投资主体来源来看，可以分为中央企业国有资产和地方企业国有资产；按照竞争程度来分类，可以分为垄断性企业国有资产和竞争性企业国有资产；按照产业领域来分类，可以分为工业企业国有资产、农业企业国有资产和服务业企业国有资产等。从立法需要的角度，把企业国有资产分为金融性企业国有资产和非金融性企业国有资产。虽然，我国《企业国有资产法》

---

① 比如有些学者认为，国有企业从事经营活动，具有营利性。参见王远明、蒋安《国有企业改革的经济法视野》，中国人民公安大学出版社 2001 年版，第 66 页。

② 漆多俊主编：《经济法学》，高等教育出版社 2003 年版，第 277 页。

③ 史际春等：《企业国有资产法理解与适用》，中国法制出版社 2009 年版，第 29 页。

适用于所有的企业国有资产，但鉴于金融性企业国有资产有其特殊性，因而，我国《企业国有资产法》第76条规定，金融性企业国有资产的管理与监督，法律、行政法规另有规定的，依照其规定。①

二　企业国有资产的市场定位

（一）企业国有资产市场定位的法理基础

学界对于包括企业国有资产在内的整个国有资产的经济价值或意义的分析较多，但从法学角度分析其市场定位则很少。如果从法学角度分析企业国有资产的市场定位，应当涉及诸多法律部门。但从企业国有资产自身及其监管而言，主要涉及经济法、民商法和宪政等。其中，从经济法视角分析企业国有资产的市场功能价值是核心，只有从经济法视角分析企业国有资产的市场功能价值，才能更好地体现民商法和宪政视角下的企业国有资产的市场功能价值。这种论证对于我们认识企业国有资产存在的必要性、存在领域、功能定位及其监管特点等具有新的启发。

1. 经济法视角

众所周知，市场并非是万能的，市场机制同样存在着市场失灵问题。世界各国的历史实践已经证明了这一点。凯恩斯主义的出现，即使其后的芝加哥学派、布坎南的“公共选择理论”等对凯恩斯主义不断修正，都无法否认国家对市场的作用。现代经济中，政府针对市场机制的缺陷肩负起了很多任务，政府对于市场经济主要存在三项职能。它们是：提高效率、增进平等以及促进宏观经济的稳定与增长。② 国家对市场的调控作用，其中一个重要手段就是国家直接投资，从而形成国有企业及其企业国有资产。凡是私人不愿意投资、难以投资或无法投资而社会又需要的领域，由国家来投资，以弥补市场之不足。概而言之，企业国有资产的功能价值主要在于弥补市场失灵。由此就决定了国有企业在很多时候还执行国

---

① 《中华人民共和国企业国有资产法》（2008年10月28日颁布，2009年5月1日实施）。

② ［美］保罗·萨缪尔森、威廉·诺德豪斯：《经济学》（第16版），萧琛等译，华夏出版社1999年版，第27—28页。

家计划和经济政策，担负国家经济调节管理的职能。[①] 国有资产的存在具有很大的弥补市场缺陷、提供公共产品的功能。[②] 虽然国有企业及其出资人国资委不具有社会公共经济管理职能，但政府的社会公共经济职能常常通过国有企业得以体现，使其成为社会公共经济管理职能的载体，以实现国家宏观调控的经济政策。因此，国有企业在国外一般作为特殊企业对待，有别于普通企业。同样，这也是我国国有企业及其企业国有资产未来发展的走向。这便决定了国有企业及其企业国有资产并非都以营利作为目的，在很多情况下具有非营利性目的，甚至允许其政策性亏损。

从国有企业及其企业国有资产立法来看，既然国有企业作为特殊企业，有别于普通企业，从而决定了现有的《全民所有制工业企业法》及其实施条例已经不能适应国有企业的需要，而作为调整普通企业的《公司法》不能更好地服务于国有企业。国有企业及其企业国有资产的立法应当纳入经济法的视野，无论是“一特一法”还是“一类一法”等都体现了经济法属性。然而，由于我国企业国有资产的市场转型尚未完成，相应的立法存在诸多缺陷，从而未能充分显示企业国有资产的经济法价值，也注定了企业国有资产在民商法视野下，而在缺乏经济法视野的情况下，更容易产生国有资产流失。

当企业国有资产弥补市场失灵的同时，基于企业国有资产的国家所有权的公权力属性，政府失灵的幽灵随时存在，这就必然要求对企业国有资产加以准确定位，并强化对企业国有资产的监管。而企业国有资产的监管将会再次面临政府失灵的可能性。市场失灵与政府失灵的多重压力恰恰体现了经济法的价值所在。

2. 民商法视角

长期以来，学界常有这种声音，即通过国有企业及其企业国有资产的市场化，让国有企业平等地参与市场竞争，以提高国有资产的使用效率。固然，企业国有资产的市场化有助于提高其使用效率，但前已述及，国有企业及其企业国有资产具有天然的行政垄断和与民争利的

---

① 漆多俊主编：《经济法学》，高等教育出版社 2003 年版，第 276 页。

② 杨鹏：《我国国有资产管理体制改革研究》，博士学位论文，东北师范大学，2015 年，第 19 页。

倾向，习惯于行政化规则行事。故寄希望国有企业及其企业国有资产完全的市场化实属幻想。因此，国有企业的市场转型以及不必要的企业国有资产的市场退出乃是明智之举！在此前提下，对于确需市场需要的企业国有资产尽可能市场化运作，如同美国等西方国家“国有民营”运作，公法调整的同时辅以民商法等私法调整，此乃是中国企业国有资产的发展趋势。

从中国目前来看，庞大的企业国有资产不利于形成契约自由、平等、公平竞争和等价有偿等价值观念，更容易滋生公法因素，而难以孕育私法因子，从而不利于民商法的发展与繁荣。因此，准确定位企业国有资产，实现国有企业的市场转型，乃是我国民商法等私法发展的重要前提，也直接关系到公民个人的私有财产权的保护问题。

从相关立法来看，我国《物权法》采用“三分法”并强调国家所有权、集体所有权和私人所有权同等保护。这种理念看似将国家、集体和私人资产同等一体化保护，但基于国家所有权的属性，往往更容易倾向国有资产的不平等保护。因为国家所有权或集体所有权本身渗透了公权力，体现了不同的行为规则和价值目标，理应由相应的经济法或行政法予以规范，并制定相应的单行法。如国有企业作为特殊企业在国外往往“一特一法”或“一类一法”等。即使在物权法体系中，国家所有权或集体所有权也应当以私权利的身份予以出现，体现所有权一体保护和合法财产一体保护原则。那些主张在物权法中采用“三分法”并强调国家所有权和集体所有权保护的学者或立法者往往混淆了不同所有权的性质以及物权法和相关部门法学的功能定位和价值目标。物权法作为私法主要是规范私人财产权的问题。① 此外，从我国《公司法》来看，《公司法》规定了“国有独资公司”，看似有利于加强对企业国有资产的调整和保护，并实现不同类型企业的一体化保护，但实质既不利于调整国有企业以及企业国有资产，也不利于调整其他类型的企业。而已有的《全民所有制工业企业法》及其实施条例等已经不能适应国有企业的发展趋势。在此不一一列举。这些都有待于我国相关立法的检讨。

---

① 李昌庚：《新路径视野下的农村集体土地所有权的反思与重构》，《学术论坛》2007 年第 7 期。

3. 宪政视角

传统的社会主义国家在其计划经济时期，基于公有制的主导地位，使包括企业国有资产在内的国有制达到了顶峰。这种经济模式虽然在历史上起过一定的作用，但鉴于企业国有资产所有权主体的虚置、政府失灵及其行政垄断的天然倾向，从而注定了计划经济及其国有企业的失败。问题不仅仅限于如此。庞大的企业国有资产的存在，无论如何“政企分开”，都难以割舍与行政权力千丝万缕的关系，不仅是行政垄断、与民争利的问题，更在于由此使国有企业习惯于行政化规则行事，难以形成契约自由、平等、透明度、公平竞争和等价有偿等与市场经济以及民主法治极其密切相关的价值观念。因此，国有企业更习惯于依赖计划经济而存在，具有非民主性因素。弗里德曼（Milton Friedman）认为，只有那些使财富和权力远离政府分散开来的经济制度才能有效地保护政治自由。而且，只是在允许利益最大化的动机得到充分满足时，个人得到的经济权力才有可能超过政府行使政治控制。[①] 有学者曾经把私有财产称作“宪政的命门”[②]。因此，企业国有资产的合理定位直接关系到一个国家的民主宪政建设。

（二）企业国有资产的市场定位

企业国有资产市场定位的法理基础是企业国有资产市场定位的前提和基础；而企业国有资产的市场定位恰恰又是企业国有资产监管的前提和基础。而这些恰恰是学界和实务界所忽视的问题。

通过企业国有资产市场定位的法理分析，我们不难发现企业国有资产的市场定位主要在于如下几个方面：①从我国经济法视角看，企业国有资产主要定位于弥补市场失灵。凡是市场机制能够自我调节的问题，“国家之手”都尽可能不要介入。只有在市场机制无法或难以调节的领域，“国家之手”才有可能介入。然而，“国家之手”在我国仍过多地介入市场机制所能解决的领域，我国现有的企业国有资产仍过多涉足竞争性领域，从

---

① ［美］克里斯特曼：《财产的神话——走向平等主义的所有权理论》，张绍宗译，广西师范大学出版社 2004 年版，第 130 页。

② 刘军宁：《私有财产权：宪政的命门》，2010 年 3 月 15 日，思想评论网（http://www.tianya.cn/publicforum/content/no01/1/8705.shtml）。

而与民争利。②从我国民商法视角看，企业国有资产应当定位于服务市民社会的培育与发展。众所周知，庞大的企业国有资产容易产生行政垄断和与民争利的现象，也容易滋生特权思想，难以产生平等、自由和公平竞争的市民社会价值理念。这既不利于我国市场经济体制的建立健全，也不利于市民社会及其民商法的发展，最终不利于我国民主宪政体制的建立健全。③从我国宪政视角来看，企业国有资产应当定位于更好地实现我国民主宪政体制。在西方国家，他们把私有产权当作社会的根本价值。比如法国现行宪法重申了《人权宣言》的思想，认为私有财产权和自由、安全和反抗政治压迫一样，是神圣不可侵犯的。美国的联邦宪法第5修正案和第14修正案都把私有财产权、生命权和自由权共同视为三个根本价值。[①]在他们眼中，私有财产成为宪政的基础。虽然我国有着自己的国情，但庞大的企业国有资产不利于民主宪政体制的完善与构建，理应反思我国现有的《宪法》。总之，只有实现了企业国有资产弥补市场失灵的合理定位，才有利于市民社会的培育和发展及其民主宪政体制的建设。

基于企业国有资产市场定位的法理分析，总体而言，企业国有资产在市场经济社会主要存在于私人投资无力进入或不愿意进入的各种基础设施，国民经济中的支柱产业、先导产业、瓶颈产业和幼稚产业，生态环境的保护和科技攻关项目，一些需要特别扶持的地区。[②] 具体而言，企业国有资产主要存在于如下领域：①基础设施、公共利益等非竞争性领域是政府投资经营的主要领域（即使非竞争性领域，也应当尽可能向竞争性领域转化，只要私人资本有能力介入并经营好，国家就应当允许民间资本投入）[③]，比如我国的三峡工程、“西电东输”“南水北调”等。②某些竞争性领域可以作为政府为实现特定目的而阶段性投资经营的领域，比如弥补关键领域的不足，支持落后地区的发展，缩小地区差距，发展有风险的新兴产业等。③少数特殊行业应由国家所有或经营，比如矿产、土地、航空以及涉及国家安全的产业等。④作为发展中国家的中国还面临着经济赶超

---

① 赵廉慧：《财产权的概念——从契约的视角分析》，知识产权出版社2005年版，第144页。

② 刘大洪主编：《经济法学》，北京大学出版社2007年版，第310页。

③ 许多产业在发达国家是高度竞争的，但是在不发达国家却是自然垄断的。参见Posner, “Natural Monopoly and its Regulation”, *Stanford Law Review*, Vol. 21, No. 3, 1969, p. 548。

的重任，就决定了一定领域的国有企业还具有引导或领航技术赶超、产业升级和结构转型的功能。

（三）我国企业国有资产的市场转型

从国外尤其是西方发达国家来看，基于私有财产的价值理念，无论历史上是否有过国有化浪潮，但国有资产从来没有占据过主导地位，国有资产比重一直很低，尤其企业国有资产；而且企业国有资产在整个国有资产中比重往往最低。苏联东欧国家由于受社会主义计划经济影响，历史上曾经出现过高度的国有资产尤其是企业国有资产，后随着苏联东欧国家的解体，私有化的浪潮，企业国有资产比重大幅度降低。

从我国来看，我国如同苏联东欧国家一样，历史上曾经出现过高度的国有资产尤其是企业国有资产。随着改革开放的不断深入，我国企业国有资产的比重不断下降，但相比较而言，企业国有资产比重依然较高，国有垄断和与民争利的现象依然严重。而且，企业国有资产比重还是高于行政事业性国有资产和资源性国有资产。据不完全统计，至 2006 年末，不含金融类国有企业，全国仅国有及国有控股的非金融类企业的总资产和净资产就分别达到 29 万亿元和 12.2 万亿元。截至 2007 年，我国共有国有企业 11.5 万户，资产总额 35.5 万亿元。仅中央企业一级，除国资委监管的 146 户外，还有财政部负责监管的金融企业，以及行业主管部门监管的其他为数众多的国有企业。这个数字还仅仅是国有资产总数的一小部分。[①] 此外，1979 年到 2009 年，虽然国有经济比重由 90% 以上降低到 1/3 左右，但仍达到 1/3，远远高于国际水平；而且，2009 年公布的中国 2008 年 500 强企业中，国有及国有控股企业共有 331 家，占全部企业总数的 66%。[②]

由此不难发现，基于企业国有资产市场定位的法理分析，我国企业国有资产尚未彻底实现市场转型。

---

① 李曙光：《〈企业国有资产法〉的创新与突破》，2008 年 11 月 12 日，法制网（http://www.legaldaily.com.cn/fxy/content/2008-11/02/content_972670.htm?node=6063）。

② 曲伟：《60 年发展：中国创造震惊世界的奇迹》，《光明日报》2009 年 10 月 30 日第 11 版。

由于我国企业国有资产市场转型尚未彻底完成，从而决定了我国有关国有企业的立法相当薄弱。如前所述，在国外尤其是西方发达国家，一般把国有企业作为特殊企业，“一特一法”或“一类一法”等，往往一个国有企业就有一部法律，从而有效地调整企业国有资产及其监管。比如美国关于田纳西河流域管理局就有专门的立法等。但在我国，虽然早有《全民所有制工业企业法》及其实施条例，但“只说明了国有企业的经济地位，而没有说明企业与国家之间的财产权关系”①。更何况该法更多地体现“国营企业”，而非“国有企业”及其特殊企业的属性。因此，该法已显得过时，难以适应市场经济的需要。同样，我国《公司法》以及“三资企业”的相关立法虽然也涉及其中的国有资本及其权益，比如国有独资公司和国有控股公司等，但这些法律着眼于普通企业立法，主要体现私法属性，而未充分考虑国有企业的特殊企业属性及其经济法属性，故难以更好地服务于企业国有资产及其监管。由此便决定了我国还存在着国有企业及其企业国有资产相关立法的市场转型问题。

基于国家所有权的公权力属性，过多的企业国有资产必然导致监管缺乏效率。因此，我国企业国有资产及其立法的市场转型是构建我国企业国有资产监管法律制度的前提和基础，同时也说明了社会转型时期我国企业国有资产监管的复杂性。而这正是我国企业国有资产监管法律制度构建所需要考虑的话题。

---

① 史际春：《国有企业法论》，中国法制出版社 1997 年版，第 11 页。

第 三 章

企业国有资产监管基本范畴解析

一 企业国有资产监管概述

（一）企业国有资产监管的概念和法律特征

1. 企业国有资产监管的概念

监管，顾名思义，是由监督和管理两个词汇组成的，包含了监督（Supervision）和管理（Administration）的内容。因而，“监管”又称为“监督管理”，相应的机构如国务院国有资产监督管理委员会（以下简称国资委），相应的立法如《企业国有资产监督管理暂行条例》等。[①] 有的学者把“监管”又称为“管理监督”或直接称为“监督”[②]。实际上，“监督管理”和“管理监督”是一回事。虽然，“监管”是由“监督”和“管理”组成，但“监管”又不是这两个词汇的简单叠加，“监管”多是存在管理关系的情况下，在具有监督和管理内容的基础上，更侧重于“监督”，而不是“管理”。从此意义上说，“监管”一般翻译为“Regulation”更为准确。[③] 而“管理”虽然具有“监督”的内容，但更侧重一般意义上的管理内容；而且这种“监督”是管理主体与被管理对象之间的监督关系。“监督”则不具有一般意义上的管理内容，而且监督主体与被

---

① 然而，无论国务院国有资产监督管理委员会，还是《企业国有资产监督管理暂行条例》，往往其内容既涉及管理内容，也涉及监督内容，有别于“监管”的内涵。

② 刘玉平主编：《国有资产管理》，中国人民大学出版社 2008 年版，第 307—308 页。

③ “管制”（即我国学者常称为“监管”或“规制”）是中国在引进西方规制理论文献并于其研究过程中对“Regulation”的最初译法。参见［美］施蒂格勒《产业组织与政府管制》，上海三联书店 1989 年版，第 3 页。

监督对象之间既有管理关系的情形，但更有不存在管理关系的情形。因此，“监管”既不完全同于“监督”，也不完全同于“管理”。

关于监管的定义，国外有学者认为，监管是国家凭借政治权力对经济个体自由决策所实施的强制性限制。[①] 还有学者认为，监管是对某种偏离既定规则的行为实施的某种干预，而对这种干预效果的评价则与人们在评价时所使用的价值体系有关。[②] 美国管理和预算办公室（OMB）认为，“监管是指政府行政机构根据法律制定并执行的规章和行为。这些规章或者是一些标准，或是一些命令，涉及的是个人、企业和其他组织能做什么和不能做什么。监管的目的是为了解决市场失灵，维持市场经济秩序，促进市场竞争，扩大公共福利”[③]。OECD 认为，监管是政府对企业、公民以及政府自身的一种限制手段，由经济性监管、社会性监管和行政性监管三部分组成。其中经济性监管直接干预企业行为与市场运行，社会性监管维护诸如健康安全、环境保护等社会价值，行政性监管关注政府内部的规程与运行机制。[④] 由此可见，国外关于监管的定义主要侧重于从国家或广义的政府角度考虑，实际上是一种狭义理解的监管定义。

国内有学者认为，在当前政府干预市场经济活动中，“监管”与“规制”“管制”常交替使用，“监管”则是“管制”与“规制”的理论内涵在实证研究以及现实经济生活中的表述。[⑤] 也有学者认为，监管就是由监管者为实现监管目标而利用各种监管手段对被监管者所采取的一种有意识的和主动的干预和控制活动。[⑥] 笔者基本同意国内学者关于监管的上述定义，并进一步认为，“监管”一词虽然最早主要源于政府监管，但随着社

---

① Alan Stone，“Regulation and its Alternatives”，转引自杨文《国有资产的法经济分析》，知识产权出版社 2006 年版，第 41 页。

② B. M. Mitnick，“The Political Economy of Regulation”，转引自杨文《国有资产的法经济分析》，知识产权出版社 2006 年版，第 41 页。

③ OMB and OIRA，“The Regulatory Plan and the Unified Agenda of Federal Regulations”，转引自马英娟《监管的语义辨析》，《法学杂志》2005 年第 5 期。

④ OECD，“The OECD Report on Regulatory Reform：Synthesis（1997）”，转引自马英娟《监管的语义辨析》，《法学杂志》2005 年第 5 期。

⑤ 郭洁：《中国自然垄断产业规制权法律控制绩效研究》，经济科学出版社 2008 年版，第 27 页。

⑥ 参见赵锡军《论证券监管》，中国人民大学出版社 2000 年版，第 1—2 页。

会经济的发展，监管主体不应满足于国家或广义的政府，也要考虑其他监管主体，尤其面对国有资产[①]，以及在中国民主法治化程度不高的情形下；同时，监管只有在市场经济条件下，才显示其意义和价值，在计划经济条件下无所谓监管概念。因此，笔者主张采取广义上的“监管”定义。在借鉴上述关于监管定义的基础上，笔者认为，监管从一般意义上来看，是指在市场经济社会，为了弥补市场失灵，监管主体为实现监管目标而利用各种手段对被监管者所采取的一种有意识的干预和控制活动。但若监管对象涉及公权力因素，监管不仅是为了弥补市场失灵，也是为了弥补政府失灵。

一般而言，监管制度的设计是为了矫正市场失灵问题，这也是监管制度设计的初衷。但对于包括企业国有资产在内的整个国有资产而言，在市场经济社会，国有资产的存在主要是为了弥补市场失灵，然而由于国家所有权的公权属性，国有资产本身又存在市场失灵和政府失灵的问题。因此，包括企业国有资产监管在内的整个国有资产监管不仅是为了矫正市场失灵问题，也是为了矫正政府失灵问题。这也是其与其他监管制度的一个重要差异。

国有资产监管是指，在市场经济社会，政府为了弥补市场失灵和政府失灵，对国有资产领域所采取的有别于传统政府干预行为的相对独立的主动干预和控制活动。[②] 依据不同的标准以及从不同的角度，可以对国有资产监管有不同的分类。从我国对国有资产通常的分类来看，国有资产监管也分为经营性国有资产监管（企业国有资产监管）[③]、行政事业性国有资产监管和资源性国有资产监管等。鉴于国有资产监管的内容非常庞杂，以及企业国有资产监管、行政事业性国有资产监管和资源性国有资产监管的差异很大，故本书仅限于企业国有资产监管的分析。

所谓企业国有资产监管，实际上是国有资产监管内涵在监管对象方面的具体化，是指在市场经济社会，企业国有资产的监管主体为了弥补市场

---

① 国有资产渗透了国家或广义政府的因素。

② 李昌庚：《国有财产监管制度研究》，《法治研究》2014 年第 4 期。

③ 严格而言，经营性国有资产不等同于企业国有资产，只有狭义的经营性国有资产才视为企业国有资产。具体参见本书第一章的相关论述。

失灵和政府失灵，实现监管目标而利用各种手段和方式对企业国有资产所采取的一种有意识的干预和控制活动。上述定义实际上是将包括企业国有资产在内的所有国有资产置于市场经济条件下考量，这也是包括企业国有资产在内的所有国有资产监管的前提和基础。

阐述国有资产管理制度时，均要涉及国有资产监管问题，但不能认为国有资产管理制度就是国有资产监管制度。国有资产监管制度是国有资产管理制度的内容，但国有资产监管制度并不限于国有资产管理制度。同样，企业国有资产监管制度也是如此，它是企业国有资产管理中的一部分内容，但又不限于企业国有资产管理。企业国有资产监管主要侧重于“监督”和“规制”的视角。

2. 企业国有资产监管的法律特征

企业国有资产监管主要具有如下几个法律特征：

（1）监管主体的多元化。长期以来，人们习惯于把国有资产的监管主体理解为政府，尤其是国资委，而忽视了其他监管主体。这恰是我国企业国有资产监管的软肋。事实上，监管主体不仅仅涉及国资委，还包括其他政府职能部门、立法机关、司法机关、政党组织、社会中介组织和企业自身等。

（2）监管对象的特定化。总体而言，企业国有资产监管的对象就是企业国有资产本身，进一步而言，就是国有独资企业、国有独资公司以及国有控股公司和国有参股公司中的国有资本及其权益。是否国有企业的所有行为都应纳入监管范围？这涉及监管边界的问题，实际上是市场与国家的关系问题。如果国有企业的行为由市场机制能够解决，不应纳入监管范围；凡是市场机制无法解决的问题，才应纳入监管范围。对于国有控股公司和国有参股公司就更应当如此，监管的对象仅是国有股权，即国有资本及其权益。即使对国有股权的监管，也应当遵循《公司法》等相关法律法规有关公司治理的规则。然而，长期以来我国并没有对此引起足够的重视，也正是我国企业国有资产监管的重要缺陷（下文将详叙）。

（3）监管方式和手段的多样化。监管方式和手段的选择要充分考虑到监管的效果和成本，同时还与一个国家或地区的国情有关。关于监管方式和手段，从不同的角度有不同的分析。比如从监管过程来看，监管方式可以分为事前监管、事中监管和事后监管。[①] 也有学者认为，监管方式和手段大体分为直接监管和间接监管。[②] 如果从监管主体来看，不同的监管主体，其监管方式和手段往往不同。比如立法机关监管主要通过立法、国有资本预算的审批、调查等方式和手段，社会中介组织的监管主要通过审计监督和评估监督等方式。

（4）监管效能的相对化。企业国有资产的存在更多的是为了弥补市场失灵。而企业国有资产本身渗透了国家公权力因素，也存在着政府失灵的幽灵。这是企业国有资产监管存在的理由。然而，企业国有资产监管同样面临着政府失灵的幽灵。布坎南的“公共选择理论”认为，政府政治也存在失灵。[③] 另一美国著名经济学家、诺贝尔奖获得者施蒂格勒（George Joseph Stigler）早在20世纪40年代就对政府监管的成效提出质疑，比如针对电力公用事业，他认为，“我们没有发现对电力公用事业的监管有任何显著的效果”[④]。尽管如此，但这不是我们放弃监管的理由。无论是布坎南还是施蒂格勒等人在批评政府监管缺陷的同时，均没有否认政府监管的必要性。这种批评恰恰告诉我们，不要抱着理想化的态度去寻求政府监管；寻求政府监管的同时，要处理好政府与市场的关系，政府监管不能破坏市场的边界。以这样一种清醒的认识和态度去构建企业国有资产监管模式及其具体制度，反而会起到事倍功半的效果。这也正是我国企业国有资产监管模式及其具体制度构建的逻辑前提。

（5）监管依据的法定性。依监管法治化要求，“监管”本身就体现了法律监督。正如有学者指出，法理学含义上的法律监督是指法律关系主体之外的第三者监督，是特定法律行为之外的行为，如国家机关的监督、社会团体的监督、公民个人的监督等，其监督的法律效力是有差异的。[⑤] 依法治之一般要求，无论国家机关的监督、社会团体的监督，还是公民个人

---

① 刘玉平主编：《国有资产管理》，中国人民大学出版社2008年版，第309页。

② 杨文：《国有资产的法经济分析》，知识产权出版社2006年版，第46—47页。

③ James Mcgill Buchanan, *Liberty: Market and State—Political Economy in the 1980s*, Wheatsheaf Books Ltd., 1986, p. 256.

④ ［美］施蒂格勒：《产业组织和政府监管》，潘振民译，上海三联书店、上海人民出版社1996年版，第171页。

⑤ 杨松：《国际货币基金协定研究》，法律出版社2000年版，第324页。

的监督等，均应有相应的法律依据，均应纳入法律体系中。从我国现有立法来看，《宪法》《监督法》《公司法》《全民所有制工业企业法》及其实施条例、《企业国有资产法》《企业国有资产监督管理暂行条例》和《国有企业监事会暂行条例》等均是我国企业国有资产监管的法律依据。随着社会经济的发展和法治化进程的加快，我国现有的诸多法律法规还需进一步修改，以适应企业国有资产监管的需要。同时，在条件成熟时，可以考虑制定专门的《国有资产监管法》。

（二）企业国有资产监管的种类[①]

关于企业国有资产监管的种类，从不同的标准和角度有不同的分类。分析企业国有资产监管的种类，有助于认识和把握我国企业国有资产监管体系及其存在的缺陷，以及我国企业国有资产监管制度的构建。企业国有资产监管的种类常见的主要有如下几种：

1. 国家监管、企业监管和社会监管

从企业国有资产监管主体来看，可以将企业国有资产监管划分为国家监管、社会监管和企业监管。这也是企业国有资产监管最主要的一种分类，也是企业国有资产监管模式及其制度构建的基础。

（1）国家监管。有学者把国家监管理解为“国资委作为监管主体依法获得的一种国家职权”，但又与其后把“国家监管分为权力机关监管、行政机关监管和司法机关监管”相矛盾。[②] 笔者以为，所谓国家监管，是指有关国家机关依据法律授权对企业国有资产加以监管所形成的一系列制度安排。

国家监管包括立法监管、行政监管和司法监管。立法监管是指国家立法机关依据法律授权对企业国有资产所进行的一种监管。行政监管是指国家行政机关依据法律授权对企业国有资产所进行的一种监管。行政监管就是通常所说的政府监管，它又包括政府相关职能部门的监管，比如财政部、发改委、国资委等。狭义上的企业国有资产监管即指行政监管（政

---

① 关于企业国有资产监管的种类借鉴了杨文的观点，笔者在此基础上做了拓展及系统性阐述。参见杨文《国有资产的法经济分析》，知识产权出版社 2006 年版，第 202—209 页。

② 杨文：《国有资产的法经济分析》，知识产权出版社 2006 年版，第 202—203 页。

府监管)，最为狭义的企业国有资产监管仅指国资委的监管。司法监管是指司法机关（包括法院和检察院）依据法律授权对企业国有资产所进行的一种监管。

国家监管除了具有企业国有资产监管一般法律特征外，还具有自己特有的一些法律特征，主要包括如下几点：①监管主体为国家机关，监管权是法定的；②监管主体的监管权既是它的职权，同时也体现了它的法定责任，是权利和义务的统一；③国家监管相比较社会监管和企业监管而言有着更为严格的规范，在监管对象、监管内容、监管方式和手段以及监管程序等方面有着法律法规的明确界定；④国家监管相比较社会监管和企业监管而言具有法律约束力；⑤国家监管体现了公权力，具有典型的公法属性。

（2）企业监管。所谓企业监管，是指国有独资企业、国有独资公司、国有控股公司和国有参股公司通过企业内部治理结构实现自律管理，以达到企业国有资产监管功效的一系列制度安排。这实际上就是企业治理结构问题。企业治理结构好坏直接关系到企业监管的成效。

企业监管包括出资人行使股东权利、董事会制度、经理层制度和监事会制度等。企业监管除了具有企业国有资产监管一般法律特征外，还具有自身特有的特征，主要包括如下几点：①监管主体的监管权来源于企业股东权利和企业内部治理权；②企业监管是企业内部的一种治理结构，除了遵守国家法律法规外，企业监管直接受到企业章程的约束；③在符合国家法律法规和企业章程的情况下，企业监管具有法律效力；④企业监管是一种内部监管，监管成效不仅取决于企业治理结构，还取决于市场机制环境；⑤企业监管体现了私权利，具有典型的私法属性。

（3）社会监管。所谓社会监管，是指不具有国家公权力的各种社会组织基于宪法等法律法规所赋予的私权利对企业国有资产加以监管所形成的一系列制度安排。

社会监管具体又包括政党监管、社会团体监管、新闻舆论监管、公民监管和市场利益相关者监管等。政党监管既包括执政党监管，也包括各民主党派监管。学界对执政党监管是否纳入国家监管还是社会监管存有争议。这实际上是一个民主法治的价值理念问题。如果将执政党监管纳入国家监管范畴，企业国有资产监管倒是小事，问题的背后将涉及“党化国家”问题。因此，笔者倾向将执政党监管纳入社会监管范畴。这也是我国所予以重视的问题（下文将详叙）。

社会监管除了具有企业国有资产监管一般法律特征外，还具有自身特有的特征，主要包括如下几点：①监管主体的监管权来源于宪法和法律赋予公民和社会组织的私权利；②社会监管的成效主要取决于民主宪政体制，它反映了一个国家或地区的民主法治化程度；③社会监管不直接产生法律效力，但可以产生强大的监督制衡力量；④社会监管体现了私权利，具有典型的社会法属性，体现了社会本位思想。

2. 内部监管和外部监管

从企业国有资产监管主体与其监管对象是否属于同一组织系统来看，可以将企业国有资产监管划分为内部监管和外部监管。当然，这种划分是相对的。这种划分有助于我们理解和把握企业国有资产监管的重点和核心所在。

（1）内部监管。所谓内部监管，是指监管主体对其自身所进行的监管，是一种自我约束机制。内部监管有广狭义之分。狭义而言，内部监管仅指企业监管。广义而言，国家对企业投资而形成的国有资产是国家机关的物质基础，视为国家的“私产”，彼此存在管理与被管理的关系，那么国家监管和企业监管都理解为内部监管。

（2）外部监管。所谓外部监管，是指监管主体对其组织系统以外的企业国有资产所进行的一种监管。外部监管是相对于内部监管而言的。广义的外部监管包括国家监管和社会监管。狭义的外部监管仅指社会监管。

3. 事前监管、事中监管和事后监管

从企业国有资产监管过程来看，可以将企业国有资产监管划分为事前监管、事中监管和事后监管。如同内外部监管划分一样，这种划分也是相对的，同样也有助于我们认识和把握企业国有资产监管的重点和核心所在。

（1）事前监管。所谓事前监管，是指监管主体对国有资产使用和处置之前的决策行为，或者为防止国有资产受损而采取的预防性监管即属于事先监管。[①] 有学者把事前监管理解为“在国企改制中对国有资本运营之

---

① 史树林、庞华玲等：《国有资产法研究》，中国财政经济出版社2003年版，第119页。

前所实施的监督"[①]，未免过分狭窄。事前监管是一种预防性监管，有助于"防患于未然"，而尽可能避免国有资产流失。事前监管就如同有学者所说的"体现了经济法的前瞻性价值和预防性功能"[②]。在西方国家，国有企业的设立等往往需要经过议会的审批，这就是典型的事前监管。然而在我国，事前监管还存在诸多缺陷，从而导致诸多国家投资决策失误，造成了许多不必要的国有资产流失。

（2）事中监管。所谓事中监管，是指监管主体对企业国有资产日常运营过程中所进行的一种监管。比如监管主体对国家京沪高铁建设项目所进行的日常监管。事中监管经常通过审计、调查、评估、汇报、质询等方式进行。事中监管是一种日常性监管，也是最常见的监管环节。

（3）事后监管。所谓事后监管，是指监管主体对国有资产运营的成果，或者对涉及国有资产权益的事件发生以后所进行的一种监管。事后监管是一种补救性监管，就如同有学者所言的"体现了经济法的事后救济功能"[③]。事后监管虽然具有滞后性缺点，但它是评价国有资产经营效益及其经营者业绩的重要手段。强化事后监管的法律责任显得尤为必要。

当然，限于篇幅，企业国有资产监管种类还有其他划分，在此不一一列举。随着社会经济的发展和民主法治化要求的进一步提高，企业国有资产监管种类还有可能会出现新的划分，从而有助于进一步完善和健全企业国有资产监管制度。

（三）企业国有资产监管的正当性和目标

作为国家干预经济的重要手段之一的企业国有资产本身就渗透着国家公权力，面临着国家公权力的外部性问题。这为企业国有资产监管提供了理由。尽管企业国有资产监管存在着社会监管和企业监管，但在我国，国家监管依然是其最主要的监管手段。因而，监管本身就进一步助长了国家公权力因素，从而使企业国有资产监管面临着更多的政府失灵，存在着被

---

① 刘玉平主编：《国有资产管理》，中国人民大学出版社 2008 年版，第 309 页。

② 李昌庚：《转轨经济法学：一个容易误读的概念——兼与陈云良先生等人商榷》，《求索》2007 年第 6 期。

③ 同上书，第 104 页。

监管对象俘获的风险。对此，西方学者早有论述。比如布坎南的“公共选择理论”认为，政府政治也存在失灵。[①] 施蒂格勒早在20世纪40年代就对政府监管的成效提出质疑。[②] 这也正是有人怀疑包括企业国有资产监管在内的诸多监管制度正当性的理由。笔者以为，这恰恰不是我们放弃监管的理由，而是提出了如何正确对待监管的问题。无论是布坎南还是施蒂格勒等人在批评政府监管缺陷的同时，均没有否认政府监管的必要性。这种批评恰恰告诉我们：不要抱着理想化的态度去寻求政府监管；政府监管以企业国有资产的合理市场定位为前提，不能破坏市场机制的基础性作用；企业国有资产监管不能仅仅满足于政府监管，还需要来自立法监管和司法监管，更需要来自社会监管和企业监管。企业国有资产监管只有建立在上述认识基础上，其正当性才具有现实意义。

只有基于企业国有资产监管正当性的理性认识，才有可能合理定位其监管目标。笔者以为，国家所有权天然地具有产权主体的虚置和行政垄断的倾向，决定了企业国有资产监管大打折扣。鉴于监管成本与企业国有资产的效益权衡，企业国有资产监管目标应当定位于监管效能的相对化，即企业国有资产监管不要追求监管成效最大化，而应寻求监管成本与其效益权衡下的企业国有资产可接受的效率范围。其中，对于非竞争性的企业国有资产，监管追求其保值功能；对于竞争性企业国有资产，监管追求其保值增值功能。而这一切均是建立在监管效能相对化基础上的。只有抱着这种非理想化的态度追求企业国有资产监管目标，才会起到事倍功半的效果。

（四）企业国有资产监管的性质和地位

经济法体系主要分为宏观调控法和市场规制法两部分。从经济法的视角来看，企业国有资产的存在主要是从宏观角度调控市场经济，以此弥补市场失灵，因而，企业国有资产属于宏观调控范畴；相应地，国有企业及

---

① James Mcgill Buchanan, *Liberty: Market and State—Political Economy in the 1980s*, Wheatsheaf Books Ltd., 1986, p. 256.

② ［美］施蒂格勒：《产业组织和政府监管》，潘振民译，上海三联书店、上海人民出版社1996年版，第171页。

其企业国有资产相关立法总体上属于宏观调控法范畴。但对于企业国有资产监管而言，存在于市场领域的国有企业及其企业国有资产同样面临着政府失灵与市场失灵的双重可能性，企业国有资产监管主要是从微观角度规范国家行为和企业市场行为[①]，因而，企业国有资产监管则属于市场规制范畴；相应地，企业国有资产监管方面的立法则属于市场规制法范畴。当然，有学者从经济法体系来看，把“市场规制”及其“市场规制法”称为“市场监管”及其“市场监管法”[②]。这仅是名称表述的差异，实质无异。

在市场规制法中，除了竞争法、产品质量法和消费者权益保护法外，学界许多人提出了特别（殊）市场规制法概念，特别（殊）市场规制法主要包括金融监管、证券监管、期货监管和保险监管等。[③] 如果从此意义上来看，企业国有资产监管也属于特别（殊）市场规制范畴；相应地，企业国有资产监管方面的相关立法属于“市场规制法”中“特别（殊）市场规制法”部分。当然，学界也有人把“特别（殊）市场规制法”从“市场规制法”中独立出来作为“市场监管法”[④]，并与宏观调控法和微观规制法（市场规制法）一起作为经济法体系。[⑤] 笔者以为，这仅是划分角度不同而已，实质并无差异。从中均能反映企业国有资产监管及其立法的特殊属性。

二 企业国有资产监管权研究

（一）企业国有资产监管权的概念

所谓监管权，是指在市场经济社会，为了弥补市场失灵和政府失灵，由国家通过法律授予国家机构或相关社会主体对被监管者加以监管的权力

① 国有企业及其企业国有资产虽然具有市场主体行为，但更多地渗透了国家意志、政策及其行为。因此，企业国有资产本身存在着国家行为。

② 王卫国、李东方主编：《经济法学》，中国政法大学出版社 2008 年版，第 289—305 页。

③ 张守文主编：《经济法学》，北京大学出版社 2006 年版，第 379—399 页；刘大洪主编：《经济法学》，北京大学出版社 2007 年版，第 419—430 页。

④ 此处的“市场监管法”不同于有学者认为如同“市场规制法”的“市场监管法”，仅指“市场规制法”中的“特别（殊）市场规制法”。

⑤ 吴弘、胡伟：《市场监管法论》，北京大学出版社 2006 年版，第 27 页。

或权利。狭义上的监管权仅仅是指政府的监管权，源于国家公权力。广义上的监管权不仅涉及国家公权力，还涉及社会的私权利。本书所指的监管权则是广义的监管权，也只有广义的监管权才可以有效地形成企业国有资产监管体系。对于其他监管制度也不例外。故监管权是一种综合性的权力及权利束。公权力与私权利的博弈过程构成了监管权的配置问题，进而关系到监管成效。只有在市场经济社会，监管权才会显示其价值。在全面国家干预的计划经济社会，就无所谓监管权概念。因此，监管权又被称为“市场监管权”。

长期以来，人们习惯于从狭义上来理解监管及其监管权，把监管权视为一种国家公权力。这不仅源于中国一直固守绝对的公私法及其公私权划分的结果，从而导致同样一个问题因公私法及其公私权的划分，而人为地肢解在公法和私法、公权力与私权利不同领域中加以研究，进而降低了问题研究及其对策的实效性；而且还源于“人民政府为人民”的盲目崇拜，过分迷信政府的作用，而忽视了政党、媒体等社会力量的作用，其结果导致私权利严重不足，无论市民社会还是公民社会均畸形发展，进而导致监管成效的严重低下。或许在一个民主宪政比较成熟的国家或地区，专门研究公权力视野下的监管及其监管权并不引起异议。但在中国目前的环境下，仅仅研究公权力视野下的监管及其监管权恰恰显示了伪命题的存在！才有从广义上研究监管及其监管权，即把监管权不仅理解为权力，而且也理解为权利时，才能从根本上揭示我国有关监管问题的实质，进而推动监管体制背后的制度变革。

前已述及，“监管”既不完全同于“监督”，也不完全同于“管理”。相应地，监管权既不完全同于监督权，也不完全同于管理权。监管权既涉及监督权，也涉及一般意义上的管理权；而且更侧重于监督权，一般意义上的管理权也主要是服务于监督权；并且监管主体与被监管对象之间多存在管理关系，但也有彼此之间不存在管理关系的情形。监督权仅限于“监督”，不存在一般意义上的管理权；而且监督主体与被监督对象之间既有管理关系的情形，也有不存在管理关系的情形。管理权虽有监督权，但更侧重一般意义上的管理权，其监督权也主要是服务于一般意义上的管理权；而且管理权中的监督权仅限于管理主体与被管理对象之间的监督关系。

准确把握和理解监管与监督、管理的差异，以及监管权与监督权、管理权的差异，直接关系到企业国有资产监管权的配置和协调，有助于我们科学构建企业国有资产监管模式及其具体制度。

所谓企业国有资产监管权，是指在市场经济社会中，为了弥补市场失灵和政府失灵，由国家通过法律授予有关国家机构或相关社会主体对企业国有资产加以监管的权力或权利。市场经济要求把所有市场主体及其行为纳入法治意义上的监管范畴，从而摆脱传统体制下的行政权及其行政手段。企业国有资产监管权是市场监管权的一种，是市场经济发展到一定阶段的必然产物。企业国有资产监管权立足于市场失灵和政府失灵，已把企业国有资产监管纳入市场机制及其法治化轨道加以考量，是对传统行政权及其行政手段的扬弃。这是国家经济法治的重要体现。

鉴于监管的内涵，以及监管与监督、管理的差异，决定了企业国有资产监管主体的多元化。企业国有资产监管权因监管主体的不同，又分为国家监管权、企业监管权和社会监管权。企业国有资产监管权也是一种综合性的权力及权利束，不仅体现公权力，而且也体现私权利。

（二）企业国有资产监管权的种类、特征和主要内容

企业国有资产监管权因监管主体的不同而表现出监管权性质及其特征的明显差异。

1. 国家监管权

如前所述，国家监管包括立法监管、行政监管和司法监管。相应地，国家监管权包括立法监管权、行政监管权和司法监管权。

（1）立法监管权。立法监管权是指立法机关对企业国有资产所享有的监管权。立法监管权来源于国家的立法权。立法权的属性决定了立法监管权的主要内容有：①立法机关通过对国有企业以及企业国有资产进行立法加以监管；②立法机关通过企业国有资产法律实施的检查加以监管；③立法机关通过审议批准国有企业的设立以及国有资本经营预算加以监管[①]；④立法机关通过询问、质询和特定问题的调查等方式对企业国有资

---

① 在西方许多发达国家，国有企业的设立以及国有资本经营预算往往都需要通过议会的审批。这也应是我国的发展方向。

产加以监管等。以上内容均体现了立法监管权的立法权本质属性。

（2）行政监管权。行政监管权是指行政机关对企业国有资产所享有的监管权，也就是狭义上的政府监管权。市场监管权从最初意义上也就是从政府角度考虑的，即政府监管权。行政监管权来源于国家的行政权。行政职权是行政权的转化形式，是行政权的具体化。[①] 行政监管权作为行政职权是行政权的具体化表现。在市场经济社会，行政监管权亦非传统计划经济体制下的行政职权，而是政府职能市场转型下的行政职权。强调这一点，在中国尤为重要。

行政职权的属性决定了行政监管权的主要内容有：①行政机关通过对国有企业以及企业国有资产制定行政法规或行政规章加以监管。国务院制定的《企业国有资产监督管理暂行条例》即是典型例证。②行政机关通过对国有出资人行使行政决策和行政命令等方式，从而对国有企业以及企业国有资产加以监管。③行政机关对国有股权、国有企业以及企业国有资产进行执法检查监督。④行政机关对国有股权、国有企业以及企业国有资产的违法行为实施行政制裁权、行政强制执行权和行政裁判权等方式加以监管等。

（3）司法监管权。司法监管权是指司法机关对企业国有资产所享有的监管权。司法监管权来源于国家的司法权。如果说立法监管权和行政监管权更多地侧重事先监管和事中监管，那么司法监管权则更多地侧重于事后监管。司法权的属性决定了司法监管权的主要内容有：①司法机关通过对国有企业以及企业国有资产进行司法解释加以监管。②司法机关通过对涉及国有企业以及企业国有资产的违法犯罪行为的审理加以监管，以避免国有资产流失。③司法机关通过对涉及国有企业以及企业国有资产的违法犯罪行为的审理，从而向立法机关和行政机关等有关部门提出司法建议加以监管。④司法机关通过违宪审查程序和国家公务人员的职务犯罪的审理，从而在源头上尽可能预防和减少企业国有资产的决策失误问题等。

由此可见，企业国有资产的国家监管权从性质上来看集立法权、行政权和司法权于一身。鉴于企业国有资产的国家所有权的属性，也只有把国

① 罗豪才主编：《行政法学》，北京大学出版社 2001 年版，第 3 页；胡建淼：《行政法学》，法律出版社 1998 年版，第 216 页。

家监管权上升到立法权、行政权和司法权高度，才能更有效地规制企业国有资产。

总体而言，企业国有资产的国家监管权主要具有如下法律特征：①国家监管权体现了国家公权力，包括国家立法权、行政权和司法权。②国家监管权职权法定，由国家宪法和相关法律法规予以明确规定，比如《中华人民共和国各级人民代表大会常务委员会监督法》明确规定了各级人大常委会的监督权，包括对企业国有资产的监督权。① ③国家监管权程序法定。无论立法监管权、行政监管权还是司法监管权的行使均有相应的法定程序。④国家监管权是职权与职责的统一。国家监管权本身既是监管主体的权力和权利，也是监管主体的义务。⑤国家监管权要求在立法权、行政权和司法权之间追求一种权力分工与相互制约的机制，以消解各自权力行使的消极因素，最大限度地发挥整体权力制衡的效果，以体现企业国有资产监管成效。⑥国家监管权的效力法定。无论立法监管权、行政监管权还是司法监管权的行使均具有法律效力，承担相应的法律后果及其法律责任等。

2. 企业监管权

如前所述，企业监管主要包括出资人监管、董事会制度和监事会制度等。企业监管权的主体是包括国有独资企业、国有独资公司、国有控股公司和国有参股公司在内的企业及其国有股权的出资人。因此，企业监管权来源于企业股东权利以及企业内部治理权。

企业股东权利以及企业内部治理权决定了企业监管权主要具有如下内容：①国有企业和国有参股企业通过制定科学的企业章程等规范企业行为，加强对企业国有资产的监管。②国有股权的出资人通过行使股东权利对企业国有资产加以监管。③国有股权的出资人、其他股东以及企业本身通过构建科学的企业治理结构如股东大会、董事会、监事会和经理层等对企业国有资产加以监管。④国有企业和国有参股企业通过职代会和工会等组织加强对企业国有资产的监管等。

总体而言，企业国有资产的企业监管权主要有如下法律特征：①企业

---

① 参见《中华人民共和国各级人民代表大会常务委员会监督法》（2006 年 8 月 27 日通过，2007 年 1 月 1 日实施）。

监管权不属于国家权力，而来源于股东权利和企业内部治理权。②企业监管权对于国有股权出资人而言，既是其职权，也是其职责；但企业其他方面则更多地属于自治权。③企业监管权除了遵守国家法律法规外，直接受到企业章程的约束。④在符合国家法律法规和企业章程的情况下，企业监管权具有法律效力，存在相应的法律后果及法律责任。⑤企业监管权面临着国家所有权缺陷的困扰，监管成效不显著。

3. 社会监管权

如前所述，社会监管主要包括政党监管、社会中介机构监管、新闻舆论监管、社会团体监管、公民个人监管和市场机制监管等。相应地，社会监管权主体涉及政党、社会中介机构、新闻媒体、社会团体、市场竞争者和公民个人等。尽管社会监管权主体多元化，但其性质、特征和主要内容基本相同。

社会监管权来源于宪法和法律赋予社会组织和公民个人的公民权利。依民主法治之一般要求，虽然国家的立法权、行政权和司法权最终也来源于公民权利，但社会监管权直接来源于公民权利，体现的是一种权利；而国家监管权间接来源于公民权利，体现的是一种国家权力。这是社会监管权与国家监管权的本质区别。由此也决定了社会监管权与国家监管权在内容和特征等方面的差异。

公民权利的属性决定了社会监管权的主要内容有：①在国外，执政党与反对党之间相互制衡，以起到对企业国有资产的监管作用。在我国，则是执政党与参政党相互参政议政，以起到对企业国有资产的监管的作用。②社会中介机构通过审计、评估、法律顾问等方式对企业国有资产的监管。③市场竞争者通过市场竞争机制，达到监管目的。④新闻媒体、社会团体、公民个人以及其他所有监管主体通过新闻舆论、言论自由表达等方式对企业国有资产加以监管。⑤所有监管主体可以通过公益诉讼等方式加强对企业国有资产的监管等。

总体而言，企业国有资产的社会监管权主要有如下法律特征：①社会监管权主体的非特定化。社会监管权主体涉及政党、社会中介机构、新闻媒体、社会团体、市场竞争者和公民个人等。而且，随着社会经济的发展和国家民主法治化程度提高，公民权利的不断释放，社会监管权的主体将愈益增多。②社会监管权不属于国家公权力，源于公民的私权利。③社会监管权具有自愿性和自觉性特点，不存在职权法定和程序法定问题，而在于社会组织和公民个人权利诉求程度如何。④社会监管权独立性不够，社会监管权的成效依赖于国家的民主法治环境。⑤社会监管权仅是监管主体的权利，监管主体可以怠于甚至放弃这种权利。⑥社会监管权不直接产生法律效力，没有直接的法律后果及其法律责任，但能够产生强大的制衡力量等。

（三）企业国有资产监管权的配置问题

企业国有资产监管权作为一种综合性的权力及权利束，不仅源于国家的立法权、行政权和司法权，而且还源于社会的私权利、企业的股东权利及企业内部的治理权。虽然，企业的股东权利及企业内部的治理权最终源于社会的私权利，但又有其特殊性，从而体现出企业国有资产监管权的综合性与复杂性，也正是我们寄希望达到企业国有资产监管成效的目的。公权力与私权利的博弈与较量，决定了企业国有资产监管权如何配置，进而关系到监管成效问题。

从我国企业国有资产监管权配置来看，首先，横向监管权存在着交叉监管和监管真空的问题。比如：一方面，既缺乏立法监管权、司法监管权，也缺乏社会监管权，企业监管权不足；另一方面，国资委的监管与政府其他职能部门的监管在出资人职能与社会公共职能方面存在着交叉与模糊的问题，从而导致监管主体职能错位和越位，以及监管资源的浪费，也增加了监管成本。其次，纵向监管权多存在于中央，而地方政府缺乏，导致过于集权的现象，难以调动地方的积极性。这源于我国企业国有资产的“统一所有，分级管理”。尽管我国各级地方政府也设立国资部门，但国有资产的所有权隶属于抽象意义上的国家，难逃产权主体模糊的厄运，作为企业国有资产所有权实际行使者的各级政府及其公务人员基于经济人特性和人性恶的一面，导致中央与地方各级政府及其公务人员往往假借“国家”或“全民”的名义相互逐利或推卸责任，最终将直接影响到监管成效。这些问题恰恰说明了企业国有资产监管权的合理配置是何等重要。

如何有效配置企业国有资产监管权？笔者以为，首先，企业国有资产本身与国家公权力存在着千丝万缕的关系，其背后也渗透着国家公权力。基于公权力之间的权力交易与利益通谋，决定了企业国有资产监管不能仅仅寄希望于国家监管权，更需要来自社会监管权。尽管有学者认为社会监管权在当今中国语境下难见成效，但更显示出社会监管权的必要性，否则无论如何重构国家监管权仅具有相对意义，难以彻底解决国资监管问题。而且，理论研究具有价值预设功能。其次，公权力与私权利的博弈过程，决定了国家公权力不能过度介入社会，否则不仅存在监管失灵问题，而且还会压制私权利空间，进而导致监管失效。因此，国家监管权的设计核心不在于直接面向企业国有资产，而在于立法权、行政权以及司法权之间的权力分工与相互制衡，通过公权力的相互制衡，以达到私权利的释放，起到企业国有资产监管功效。再次，通过中央与地方的适度分权，实现企业国有资产所有权的分级所有，进而将监管权落实到各级政府身上，既与“一级政府，一级财政”相吻合，也尽可能相对地实现监管责任主体的明晰。上述关于监管权配置的思路与价值理念直接决定了企业国有资产监管模式及其具体制度的构建。

第四章

企业国有资产监管模式的比较分析

一　企业国有资产监管模式概述

（一）企业国有资产监管模式的内涵

现代意义上的“监管”是现代市场经济社会的产物，是国家职能市场转型的结果。从西方国家来看，市场监管是自由市场经济向社会市场经济转型的结果，国家职能经历了“不干预”到“适度干预”的过程。从中国来看，市场监管是计划经济向社会市场经济转型的结果，国家职能正在经历“过度干预”到“适度干预”的过程。

市场监管早先一般与金融、保险等市场高风险行业相联系，诸如金融监管、银行监管、证券监管和保险监管等。随着市场经济和国家职能的进一步转型，市场监管从市场竞争产业扩展到国家自然垄断产业，诸如电力监管、电信监管和能源监管等；从高风险行业扩展到低风险行业，比如食品监管等。从资产所有制来看，计划经济社会，绝对的公有制无从谈起国有资产监管；市场经济社会，经济人的特性决定了私有资产的自律性，有限的国有资产必然纳入市场监管范畴。企业国有资产监管就是市场经济和国家职能市场转型的产物。不同行业及其监管对象，其市场监管模式不同。

所谓市场监管模式，是指监管主体对被监管者监管所采取的方法和手段的归类。市场监管模式没有固定的模式和标准，往往与不同行业及其监管对象等有关。无论金融监管还是保险监管等，均有自身的监管模式及其分类。就以金融监管模式来看，学界和实务界一般把金融监管模式分为混业监管模式和分业监管模式。也有学者认为，以金融机构的特点为准则，可以设立机构型监管模式；以金融系统的功能为准则，可以设立功能型监管模式；以监管目标为准则，可以设立目标型监管模式。[①]

不管何种行业监管还是其他类型的监管，学界和实务界一般多从监管机构角度划分市场监管模式。根据监管机构设置的差异，可以对市场监管模式有不同的分类：（1）按照监管机构是否独立设置来划分，可以分为独立监管模式和政监合一模式。[②] 所谓独立监管模式，是指独立于政府部门单独设立监管机构，集监管职能于一体。它又分为垂直监管模式和分级监管模式。所谓政监合一模式，是指由政府部门承担监管任务，或监管机构与政府部门合二为一行使监管权。比如英国、美国、澳大利亚等国的电力监管就采取独立监管模式，而日本等国的电力监管则采取政监合一模式。随着市场经济体制的深化和社会法治化水平的提高，独立监管模式愈受青睐。但这要取决于不同行业及其监管对象的具体分析。（2）按照监管机构是否唯一来划分，可以分为单一监管模式和复合监管模式。[③] 有的学者将之称为单一监管模式和多元监管模式。[④] 所谓单一监管模式，是指由单一的监管机构对监管对象加以监管的模式。所谓复合监管模式，是指由多个监管主体对监管对象加以监管的模式。随着市场经济体制的深化和社会法治化水平的提高，复合监管模式愈益普遍。当然，由于不同行业及其监管对象的差异，复合监管模式中的监管主体及其监管内容等差异很大。

所谓企业国有资产监管模式，是指企业国有资产监管主体对企业国有资产加以监管所采取的方法和手段的归类。金融监管、保险监管和食品监管等是从行业属性界定的，而企业国有资产监管则是从资产所有制属性界定的。这就决定了企业国有资产监管模式的特殊性。

---

① 吴弘、胡伟：《市场监管法论》，北京大学出版社 2006 年版，第 64 页。

② 这种分类部分借鉴了吴弘、胡伟的观点。参见吴弘、胡伟《市场监管法论》，北京大学出版社 2006 年版，第 65—71 页。

③ 笔者关于单一监管模式和复合监管模式的定义不同于吴弘、胡伟的观点。他们所理解的单一监管模式即混业监管模式，复合监管模式类似于分业监管模式。参见吴弘、胡伟《市场监管法论》，北京大学出版社 2006 年版，第 66—71 页。

④ 谢平、蔡浩仪：《金融经营模式及监管体制研究》，中国金融出版社 2003 年版，第 81—107 页。

（二）企业国有资产监管模式的界定因素

1. 监管对象

企业国有资产监管的对象是企业国有资产。国家所有权的特性决定了企业国有资产缺乏私有资产自律性特点。在市场经济社会，虽然企业国有资产也有可能存在于市场竞争领域，但更多地存在于非竞争性领域，包括自然垄断产业，具有特殊企业属性。因此，企业国有资产监管模式既要考虑到国家所有权因素，也要考虑到竞争性领域与非竞争性领域企业国有资产的差异，以及自然垄断产业的特殊规制问题。比如电力监管、能源监管问题等。

2. 监管权配置

企业国有资产监管权包括国家监管权、社会监管权和企业监管权。其中，国家监管权又包括立法监管权、行政监管权和司法监管权等。不同的监管权对应着不同的监管主体。监管权的配置问题不仅涉及深层次的宪政问题，也直接关系到企业国有资产监管模式及其具体制度的构建。监管权如何协调与有效配置将直接决定企业国有资产监管模式的成效。因此，监管权如何配置是企业国有资产监管模式的决定性因素。

3. 监管成本与收益

这实际上是监管效率问题。无论国家监管、社会监管，还是企业监管，均涉及监管成本问题。不同监管主体的监管权如何协调与配置直接关系到监管成本问题，具体包括监管主体的设置、监管的内容、监管的方法和手段、对监管主体的监管以及监管主体之间的关系等。监管成本是通过监管收益来衡量的。监管收益既包括被监管者的收益，也包括社会收益。如果监管主体监管权过于集中，可能扼杀被监管者的市场积极性，损害市场竞争机制，导致被监管者难以形成规模经济或规模不经济，尤其对于市场竞争领域的企业国有资产；同时，很容易导致监管权的异化，产生权力寻租、滋生腐败。如果监管主体监管权过于分散，增加监管权协调和配置成本，可能导致重复监管或监管真空等现象，因此可能助长被监管者的自然垄断或行政垄断倾向，同样可能产生规模不经济问题，不仅涉及国有资产流失问题，而且可能进一步强化国有企业与民争利的现象。

4. 监管社会环境

首先，从经济环境来看，需要一个相对成熟和完善的市场竞争环境。在一个较为成熟的市场竞争环境中，国有企业有着严格的市场边界，企业国有资产功能定位和市场价值界定科学，从而把企业国有资产的自然垄断或行政垄断现象降低到最低限度；同时，社会监管和企业监管通过市场机制可以发挥更有效的监管作用，比如市场竞争者对企业国有资产监管的威慑力等。其次，从法治环境来看，面对企业国有资产的国家所有权属性，无论国家监管、社会监管，还是企业监管，都需要一个良好的宪政环境。先有良好的宪政环境，才有良好的法治环境。这是企业国有资产监管模式构建的关键所在。然而，在当下市场竞争环境尚未成熟以及民主法治化程度不高的中国，企业国有资产监管模式既要考虑到现实国情，也要着眼于国家未来。

二　国外企业国有资产监管模式分析

（一）学界关于国外企业国有资产监管模式的分类梳理

较低的国有资产比重和较高的民主法治化水平是解决国有资产问题的关键。由于私有制的主导地位，国有企业以及国有资产比重很少，加以较高的民主法治化水平，决定了西方国家更多的是关于公司治理的研究，而较少国有企业以及国有资产的研究。即使国外关于国有企业及其国有资产的研究，更多的不是涉及本国的国有企业以及国有资产，而是涉及原苏联东欧以及中国等社会主义国家社会转型时期国有企业以及国有资产。如果说国外学者有某些关于本国的国有企业、国有资产及其监管研究，一般是以私有财产的价值理念加以分析，常把企业国有资产作为“国家私产”对待[①]，而且更多的是从一般意义上的财产角度加以研究，从而间接涉及或有助于思考企业国有资产监管问题。

虽然国外学者针对国有企业、国有资产及其监管进行的研究较少，但也有许多关于企业国有资产监管的成功实践，比如美国的田纳西河流域管理局、新加坡的淡马锡控股公司等。关于国外企业国有资产监管模式，也

① 王利明：《国家所有权研究》，中国人民大学出版社1991年版，第29页。

主要是由我国学者加以归类分析，以便于给我国国有企业改革和国有资产监管提供一些借鉴与启发。由于各国的企业国有资产在所有权和经营管理权行使方面存在差异，决定了企业国有资产监管权及其监管模式也有区别。学界从不同标准和角度对此进行了分类。具体而言，主要包括以下一些分类：

（1）有的学者认为，国外国有资产监管模式分为三种：①所有权和经营权合一的高度集权的监管模式，以日本和韩国为代表。这种监管模式强调政府对企业的管理体制基本上是政企合一、管理高度集权，发展规划都置于政府的严格控制下。随着社会经济的发展，日本、韩国对国有企业以及国有资产也在放松行政性管制。②所有权和经营权合一的分权与集权结合的监管模式，以英国、法国、意大利和德国为代表。这种监管模式一方面使企业享有充分的自主权，企业在市场中自由竞争，另一方面保证政府要通过适当的手段对企业进行宏观调控，使企业的生产经营活动符合国家经济发展的短期和长期目标。③所有权与经营权分离的分权监管模式，以美国、瑞典为代表。这种监管模式的特点是自由竞争，国有企业的经济运行基本依靠市场调节，在生产和经营上完全是自由的。政府运用间接手段对国有资产经济运行进行调控。①

（2）有的学者认为，发达国家国有企业监管模式主要包括：①法律监管模式，即普遍通过国有企业立法实施监管。②专门部门监管模式，即通过设立专门的部门加强企业国有资产监管，比如英国的国家企业局（后与英国研究开发公司合并，组建了英国技术集团）、意大利的国家参与部（后改为国库部）等。③层级管理、股份控制模式，即对国有企业的管理主要分三个层次：第一层是政府部门；第二层是法定机构或政府控股公司；第三层是国有企业。新加坡、韩国等国为典型。④双重委员会监管模式，即通过监事会和董事会加强对国有企业监管。典型的国家是德国。⑤审计监管模式，即通过审计加强对国有资产的监管。比如美国的审计署和德国的联邦审计署等。⑥计划合同制模式，即国家通过与企业订立

---

① 蓝寿荣、张伟伟：《国外国有资产监管的三种模式及其启示》，《佛山科学技术学院学报》（社会科学版）2008 年第 4 期。

计划合同或项目合同加强对国有资产监管，比如法国等。[①]

（3）有的学者从国有企业宏观和微观等角度分析国有资产监管模式，从国有企业宏观监管来看，主要包括以议会为主体的监管、以议会与政府为双重主体的监管、以专门设立的政府部门或各级政府分工为主体的监管；重视发挥议会对政府和国有企业的监管作用；重视议会和政府对国有企业监管双重作用的协调；政府通过控股公司的形式对国有企业加强管理。从国有企业微观监管来看，通过董事会和监事会加强对国有企业的监管。[②]

（4）也有学者从典型的国家来分类，认为企业国有资产监管模式有美国模式、英国模式、法国模式、日本模式、德国模式、西班牙模式、意大利模式、瑞典模式、韩国模式、新加坡模式和印度模式等。[③]

（5）也有学者认为，国外国有资产监管模式主要有：①以美国为例的分级监管模式，即美国的国有企业分别为联邦、州和市镇所有，与此相应地形成了分级管理的体制。美国的国有民营方式是国有企业监督体制的最大特点。②以日本为例的政企合一的监管模式，即日本国有企业基本上采取政企合一、高度集权的监督制度。③以法国为例的国家财政与行业主管结合的监管模式，即法国是通过政府财政部和行业主管部门加强对国有企业的监管。[④] ④以英国为例的国家企业局控股的监管模式，即英国是通过国家企业局（后与英国研究开发公司合并，组建了英国技术集团）控股国有企业的方式加强对国有企业的监管。⑤以德国为例的监事会制度监管模式，即德国是通过政府财政部和企业监事会加强对国有企业的监管等。[⑤]

（6）也有学者认为，国外发达国家企业国有资产监管模式主要有两种：①采取国有资产专职部门管理为主、兼有政府主管部门监管的模式。

---

① 李钢：《发达国家国有企业监管模式及其对我国国有资产管理的启示》，《中国金融电脑》2003 年第 11 期。

② 周绍朋等：《新世纪的国有企业改革与国有资产管理体制研究》，中国人民大学出版社 2006 年版，第 317—318 页。

③ 杨文：《国有资产的法经济分析》，知识产权出版社 2006 年版，第 75—130 页。

④ 法国于 2003 年设立了国家参股局，作为国有资产管理的专职部门。

⑤ 曹均伟、洪登永：《国外国有资产监督模式的比较与借鉴》，《世界经济研究》2007 年第 6 期。

比如意大利、奥地利等国分别确定部际协调委员会、国家参与部（后改为国库部）、公共经济与交通部作为国有资产管理的专职部门来管理政府财产。②采取政府财政部门综合管理与有关部门专业管理结合的模式。比如日本、韩国、法国和丹麦等国[①]，财政部一般为国有资产管理的政府综合部门，处于管理的中心地位，各主管部门一般负责归口的国有资产管理。[②]

（7）也有学者认为，国外国有资产监管模式主要分为三种：①“三层次”模式，即国家对经营性国有资产实施国有资产行政管理机构、国有资产产权经营机构和国有企业三大层次的管理。意大利、英国、比利时、新加坡和奥地利等国即属该种模式，但在每一层次的具体设计上又各有特点。②“两层次”模式，即国有资产行政管理机构按一定的方式直接管理国有企业，其间不再设中间层次。具体又包括法国模式和美国模式等。③分类管理模式，即政府将本国的国有资产按功能分成不同类别，采用不同的管理方式，并施以不同的绩效考核办法。

以上列举并归纳了我国学者对国外企业国有资产监管模式的一些分类。从中我们不难发现，上述学者关于国外企业国有资产监管模式的归类也有一些缺陷与不足，比如：有些国家国资监管的内容过时、有些监管模式归纳分类时自身标准不统一、有些监管模式的重复与交叉、有些监管模式的归纳分类不具有代表性和广泛性、有些监管模式则属于广义上的企业国有资产管理体制等。当然，这些研究对我国企业国有资产监管都或多或少地具有借鉴意义。

（二）本书关于国外企业国有资产监管模式的归类与界定

有些学者在分析国外企业国有资产监管模式时，之所以会出现上述的一些缺陷与不足，主要归因于监管模式界定标准选择的缺陷。鉴于此，笔者认为，依法学视野，从企业国有资产监管主体及其监管权为切入口，界

① 法国于2003年设立了国家参股局，作为国有资产管理的专职部门。韩国于1998年废止了政府综合部门和各主管部门对国有企业的直接管理权限，成立了国有企业管理委员会，行使国有企业国有股东权利。

② 廖红伟：《我国国有资产监管问题与对策研究》，《经济纵横》2009年第1期。

定国外企业国有资产监管模式。至于上述学者许多关于国外企业国有资产监管模式的分类，其中有许多属于监管的方法、内容、手段等。而这些恰恰可以在以监管权及其监管主体行使为界定标准的监管模式的分类中予以涵盖。当然，世界各国众多，笔者主要结合中国实际，从世界上一些主要国家及有代表性国家加以归纳分析，主要是市场经济发达国家（如美国、英国、法国、日本等），因为它们代表了市场经济社会的未来；但也有来自发展中国家（如印度、巴西等）和原苏联东欧转型国家（如俄罗斯），因为它们在很多方面类似于中国的现在以及发展趋势。

以企业国有资产监管主体及其监管权为界定标准，划分国外企业国有资产监管模式，需要澄清如下几个问题：

（1）从纵向上来看，企业国有资产所有权的行使主要有两种情形：①国家统一所有，比如英国等，我国也是如此。相应地，企业国有资产监管就是一种统一监管。②中央与地方分级所有，典型的国家如美国、俄罗斯、德国等。相应地，企业国有资产监管就是一种分级监管。但这仅涉及一个国家中央与地方的分权关系。不管统一监管，还是分级监管，从横向来看，无论中央层级还是地方层级，依民主法治要求，均存在同样的监管权配置的差异，从而有归纳监管模式的价值。企业国有资产监管模式的划分主要是从监管主体及其监管权横向配置的角度加以考量。也只有如此，才具有意义。因此，无论是国家统一所有，还是分级所有，都不影响企业国有资产监管模式的界定，但可能会因国情不同而影响监管效率。

（2）从国外尤其西方发达国家来看，由于市场经济体制较为成熟和完善，社会民主法治化程度比较高，企业治理结构也较为完善；议会监管明显；司法威慑力很强；社会监管也很明显，社会力量的制衡显著，多数实行董事会制，只有德国实行双重委员会制度，即监事会主导董事会制度等。上述均为企业国有资产监管的共性，也是国外企业国有资产监管模式界定的前提条件，同时也是我国企业国有资产监管应值得学习并借鉴的地方。但对于国家间监管模式的划分没有多大意义，因为国家间企业国有资产监管模式只能从国家间监管差异中加以归类。因此，关于国外企业国有资产监管模式的划分主要是从狭义上的政府角度即行政监管权的配置加以界定。

鉴于上述因素考量，如果从国外企业国有资产监管的共性来看，国外企业国有资产监管模式是：议会监管和社会监管突出、司法独立，威慑力较强以及企业治理结构较为完善。如果从国外企业国有资产监管的差异来看，主要在于行政监管权方面的区别。以企业国有资产监管权及其监管主体为界定标准，划分国外企业国有资产监管模式，主要存在如下几种情形：

（1）不设立专职监管部门，由政府根据议会的决议设立专门的常设委员会，同时辅以政府各主管部门监管的模式。典型的国家如美国等。比如：美国没有设立企业国有资产监管的专职部门，除了田纳西河流域管理局、联邦存款保险公司、阿巴拉契亚区域开发委员会、进出口银行和宾夕法尼亚道路发展公司四家国有企业由美国总统直接负责外，其余的国有企业由地方政府和相关主管部门以及各种专门的常设委员会加以监管。

（2）不设立专职监管部门，由政府财政部和各主管部门监管的模式。典型国家如日本、新西兰、德国、新加坡等。早先的法国、韩国也是如此，后来法国、韩国也相继设立了专职监管部门。这种模式的特点在于：财政部一般为国有资产管理的政府综合部门，处于管理的中心地位，各主管部门一般负责归口的国有资产管理。比如：日本政府在大藏省（相当于我国的财政部）内设立理财局，作为专门管理所有国有资产有关事务的行政机构，并不仅仅服务于企业国有资产；但对于国有企业，针对不同形态的国有企业（直营事业、特殊法人和第三部门等），实施不同的管理办法，由政府有关主管部门实施对口管理。德国和美国一样，对企业国有资产实行分级所有，分级管理；但德国的国有企业一般由政府财政部门统一管理，辅以相关主管部门和审计署的监管；地方的国有企业则由地方政府的财政部门辅以相关主管部门监管；除此以外，德国还有独特的国有企业监事会制度。新西兰的国有企业由政府财政部和相关行业主管部门行使出资人权利，负责企业国有资产监管；同时政府财政部委托独立的中介机构新西兰皇冠监测咨询机构（CCMAU）对国有企业的业绩进行评估和监督。新加坡的国有企业由政府财政部和各主管部门负责监管，政府下设六个法定机构（Statutory Board）和四个国有控股公司，在下设各种国连公司。[①]

（3）设立专职监管部门，同时辅以政府财政部和各主管部门监管的模式。典型国家如英国、意大利、法国、俄罗斯、瑞典、奥地利、韩国、巴西、印度等。这种模式的特点在于：专职监管部门作为企业国有资产的出资人，行使国家出资人监管权[②]，同时辅以政府财政部和各主管部门对企业国有资产加以监管。比如：20世纪70年代，英国政府在工业部下设国家企业局，1981年英国研究开发公司与该局合并，组建了英国技术集团，负责国有企业控股及其关联企业的出资人产权监管。在1998年，瑞典政府工业部下设国有企业局，作为企业国有资产的出资人。在1956年，意大利设立了国家参与部，而在1976年又成立了国会两院常务委员会，1992年撤销国家参与部，并成立国库部，作为企业国有资产的出资人，国库部与预算部和工业部一起行使国家参与制企业的监管。法国早先由政府财政部和各主管部门相结合分别行使企业国有资产经营管理权，后于2003年设立了国家参股局，作为企业国有资产出资人，专门行使国有资产管理职能。[③] 奥地利于1970年成立了奥地利工业管理股份公司，后于1986年改为奥地利工业控股股份公司，代表国家负责所有企业国有资产监管；在其上面政府序列有经济计划部际委员会和国家参与部。俄罗斯于1997年成立了国有资产管理部，专门负责国有资产的管理。巴西政府于1979年在国家计划部下设了国有企业控制署，专门负责企业国有资产和其他国有资产的监管。韩国于1998年废止了政府综合部门和各主管部门对国有企业的直接管理权限，成立了国有企业管理委员会，行使国有企业国有股东权利。印度政府于1965年在财政部下设了印度公营企业局，作为企业国有资产经营管理的专门服务机构，但不享有企业国有资产的出资人权能。

---

① 法定机构是新加坡政府设立的管理和监管国有资产尤其公共事业国有资产的介于政府与普通企业之间具有准行政性质的特殊国有企业。

② 印度政府财政部下设的公营企业局并不享有企业国有资产的所有者权能，主要是为政府各主管部门监管企业国有资产提供服务的专门辅助机构。

③ 银晓丹：《国外企业国有资产监管模式法治研究及借鉴》，《社会科学辑刊》2010年第3期。

（三）国外企业国有资产监管模式的经验与启示

通过对国外企业国有资产监管模式的分析，结合国外企业国有资产监管的共性，从我国企业国有资产监管实践来看，主要有如下几个方面的经验与启示：

1. 中央与地方适度分权

国外尤其是西方发达国家，中央与地方政府的职能分工明确，作为国家宏观调控经济重要手段的企业国有资产主要集中于中央政府；地方政府所拥有的企业国有资产则相对较少，一般只负责城市基础设施建设和社会福利项目等。同时，很多国家的企业国有资产实行中央和地方各级政府“分级所有、分级监管”的原则，比如美国、俄罗斯、德国等。

2. 设立专职管理部门，实现国有资产的所有者职能与社会公共职能的分离

设立专职管理部门作为企业国有资产的产权管理人，行使出资人权利，剥离政府有关主管部门的所有者职能，实现企业国有资产的所有者职能与政府社会公共管理职能的分离，已成为世界各国的发展趋势。前已述及，世界上许多国家已纷纷设立企业国有资产的专职管理部门，比如英国的国家企业局（后组建英国技术集团）、意大利的国库部、俄罗斯的国有资产管理部、瑞典的国有企业局、巴西的国有企业控制署等。从监管角度来看，这些专职管理部门只行使出资人的监管职能，而政府的相关职能部门则行使其他监管职能，但政府相关部门不再行使所有者权能。

3. 国有市场化和民营化

首先，许多国家已掀起了国有企业私有化浪潮，国有企业比重低，私有化程度高，已经成为世界各国的发展趋势。这是解决企业国有资产监管的关键所在。其次，对于市场经济社会确需保留下来的国有企业以及企业国有资产，基于国家所有权的属性，虽然无法消除国家干预和控制国有企业的阴影，但却往往尽可能采取市场化或民营化方式运作企业国有资产，在法律范围内常把国有企业按照私人企业进行经营，企业自主权很大，政府干预较少。具体又包括如下几点：①国家将国有企业经营权通过系统工程承包方式或租赁经营等法律契约的形式在一定期限内交给私人自主经营，并按照一定比例的收益上缴给国家。典型的国家如美国等。②国家通

过设立中介性的国有控股公司来经营国有企业以及企业国有资产，这种国有控股公司要么作为国有资产出资人（即专职管理部门）的下属控股企业，要么直接行使国有资产出资人权利。通过这种方式可以尽可能分离国家所有权与经营权。典型国家如新加坡、法国、奥地利、意大利等。比如意大利通过国家参与部（后改为国库部）授权国家控股公司经营管理企业国有资产，而国家控股公司就像一座金字塔，位于塔尖的是控股公司总部，中间层是二级控股公司或行业性牵头业务公司，底层是众多国家参与企业。再比如新加坡则是通过政府财政部授权政府法定机构和控股公司这一中间层割断了国家与企业间的直接联系。[①] ③西方国家多数国有企业均采取股份制的方式。国家将国有企业公司化改制，尤其竞争性国有企业，尽可能产权多元化，引入公司治理结构。对于竞争性国有企业，往往适用《公司法》，国家股东没有特权，与其他股东平等享有股东权益，完全按照市场化原则运作。总之，国家通过市场机制间接加强对企业国有资产的监管，起到了国家监管所无法替代的作用。

4. 实行分类监管

西方国家普遍将国有企业分为非竞争性国有企业和竞争性国有企业，并实施不同的监管模式。比如美国、法国、德国和瑞典等。以瑞典为例，瑞典按照功能对国有企业进行分类，设定不同目标，从而实施不同的监管模式。瑞典工业部将国有企业分为两类：占总数95%的市场化国有企业（即竞争性国有企业）明确为股权价值最大化目标，占总数5%的特殊社会责任的国有企业（即非竞争性国有企业）明确为股权价值和社会利益的双重目标。[②] 再比如：德国将国有企业分为按照公法设立的国有企业（即非竞争性国有企业）和按照私法设立的国有企业（即竞争性国有企业），美国将国有企业分为完全由国家所有的国有企业（多为非竞争性国有企业）和国家参股的公私混营企业（多为竞争性国有企业），针对不同类别的国有企业，实行不同的管理模式和监管制度等。

---

① 宇德海：《从国外经验看中国国有资产管理体制改革》，《经济管理文摘》2003年第13期。

② 张景瀚、张明之、王维：《从经营国有企业到管理国有企业》，社会科学文献出版社2005年版，第250页。

5. 议会监管突出，审计监管、司法监管和社会监管显著

在国外尤其是西方发达国家，由于较为完备的宪政体制和较为成熟的市场竞争环境，权力分工与相互制衡机制比较完善，普遍强调议会对国有资产的监管作用，司法监管、审计监管和社会监管均非常显著。

从议会监管来看，国有企业以及企业国有资产的所有权代表无论是议会还是政府，议会都拥有对企业国有资产进行监管的最高权力，即使政府对企业国有资产的监管也要对议会负责。议会主要通过行使立法权，对政府和国有企业的具体管理行为进行监督等方式加以监管。比如：美国国会通过立法决定国有企业的设立、撤销或企业内部管理体制的改革；国会根据需要设立常设委员会或临时特别委员会，对有关国有资产问题进行调查，审议相关国有资产管理的议案；国会掌握财权，所有政府预算包括对企业国有资产的预算都要通过国会的批准。[①] 再比如：瑞典议会除了或多或少地具有上述美国国会功能外，瑞典议员还有权出席国有控股企业股东大会并发表意见。

从审计监管来看，西方发达国家的审计部门无论隶属于政府，还是议会，或是直接隶属于总统，审计部门的独立性均较强，因而审计监管效果比较明显。比如：法国审计部门已经上升为具有准司法性质的审计法院，每年都对国有企业以及企业国有资产的财务状况进行稽核。[②] 德国政府的审计署是一个独立的机构，宪法规定其最高长官由政府提名，经国会选举产生。审计署主要负责对政府和国有企业进行稽核，并对政府和国会负责。美国审计署署长由国会任命，其预算由国会批准。审计署对国有企业的财务收支、经营状况和债务前景等进行监督，并对国会负责。

从司法监管来看，司法独立往往成为社会公平正义的最后一道防线。相比较而言，西方发达国家司法独立性较强，从而发挥了强大的司法救济监督功能。一方面，通过司法机关对立法机关和行政机关的制约，以间接达到对企业国有资产的监管；另一方面，对于涉及企业国有资产的案件，通过司法的独立审判较好地实现了司法公正，以达到对企业国有资产的监管。

① 杨文：《国有资产的法经济分析》，知识产权出版社 2006 年版，第 80—81 页。

② 法国的国家审计法院不同于普通法院，其职能类似于我国的国家审计署。

从社会监管来看，由于较为完备的宪政体制和较为成熟的市场竞争环境，资本市场（比如银行等金融机构）、商品市场、产权市场、经理人市场等比较发达，从而起到政府所无法替代的对国有企业的外部监管效果。除此以外，政党之间的竞争、社会中介组织权利的行使、公民权利的释放、新闻舆论的监督以及司法中的公益诉讼制度等，形成了对企业国有资产强大的无形监督。比如：美国任何公民如发现国有资产经营和监管出现违法违规行为，均可以写信给议员，由议员向审计署反映，由审计署负责调查并提出结论。在新加坡，除了政府作为所有者可以随时对国有企业进行检查之外，所谓的社会公共监督也是非常有效的。任何机构或个人，只需交纳很少的费用，就可以在注册局调阅任何一家企业的资料，在这一点上，政府对国有企业的监督与社会对私有企业的监督是一样的。[①]

6. 企业治理结构较为成熟，企业自我监管效果显著

在国外尤其是西方发达国家，由于市场竞争环境较为成熟，法治化程度较高，国有企业在市场条件下和法律框架内，保持着较高的企业自律性。国有企业大多有着较为完善的企业治理机构，普遍实行董事会制度和监事会制度。无论董事会成员还是监事会成员，均更多地存在着外派董事和监事的情形。但是德国比较特殊，德国的董事会和监事会双重体制在世界上几乎很少见，董事会负责企业的日常经营与管理，但对企业重大问题所做的决策需得到监事会的批准。政府对企业的控制和监督主要是通过监事会来实现的。

7. 企业国有资产立法特殊，监管法治化程度高

国外尤其是西方发达国家非常重视国有资产法律体系建设，国有企业改革一般以立法先行，并通过立法保障国有企业的市场化经营和国有资产监管。比如美国以《政府公司控制法》为基础，作为企业国有资产管理及其监管的基础。但是，国外一般都没有统一的国有企业立法，由于西方发达国家国有企业非常少，国有企业并不占市场主导地位，并以特殊企业对待，因而国有企业多不适用市场主导的普通企业的法律规范，而以特殊企业形态加以立法，往往采取“一特一法”或“一类一法”，即一个国有

---

① 张景瀚、张明之、王维：《从经营国有企业到管理国有企业》，社会科学文献出版社2005年版，第253页。

企业就有一个特殊法律予以规制。比如日本关于国有高速铁路的专门立法；再比如：美国关于田纳西河流域管理局有自己的专门立法、阿巴拉契亚区域开发委员会有自己的“阿巴拉契亚开发法案”、美国国会于1970年通过《铁路客运法》成立了全国铁路客运公司等。[①] 又如：新加坡议会为每个法定机构专门立法，明确规定其组织结构和职责范围，确保法定机构依法自主运作。除此以外，国外尤其是西方发达国家普遍建立了较为完备的执法监督机制；一般均有国有资本预算，并纳入财政预算中，由国会审批，并加以法治化。

三 我国企业国有资产监管模式的现状

（一）我国企业国有资产监管模式的历史沿革

前已述及，“监管”伴随着市场经济的产生而产生，也只有在市场经济社会，“监管”才会体现其法理价值。但在前市场经济时期，对于企业国有资产而言，与“监管”相对应的更多是“行政控制”或“管理体制”。这是其一。其二，虽然1949年新中国成立之前也有企业国有资产，但由于制度性差异，企业国有资产及其管理存在着很大差异。鉴于此，笔者主要分析新中国成立以来我国企业国有资产监管模式的历史沿革。

一般而言，我国企业国有资产监管模式主要经历了如下几个阶段：

1. 计划经济时期行政控制阶段（1949—1978年）

计划经济时期，国有企业某种意义上不是独立的企业，而是政府的附属物。[②] 也正如国外学者青木昌彦曾经说的，“计划经济时期，中国无企业可言”。这个时期，国家对国有企业采取直接行政控制的手段，企业没有自主经营权。虽然，国家在此期间对国有企业经历了一些变革，但主要围绕中央与地方在企业经营权的划分上，并没有从产权制度上加以改革，因而也就不可能涉及真正的国有资产监管。所谓的“监管”也失去了法

---

① 银晓丹：《国外企业国有资产监管模式法治研究及借鉴》，《社会科学辑刊》2010年第3期。

② 当时，“国有企业”名为“国营企业”，直至1993年《宪法》修正案将“国营企业”改为“国有企业”。

律意义。表面上的“严格管制”，看似较大限度地避免了国有资产流失，但却带来了巨额的行政成本和资源配置的非效率化，实质是变相的国有资产流失。更为重要的是，计划经济时期，国有资产归全民所有，“人民”被泛化，实际上由国家行政机构进行统一的计划管理，所有的国有企业被分别隶属于中央和地方各级主管部门，多头管理模式，形成“条块分割”。国有资产在“人民”的名义下被部门利益、地方利益和少数人利益所分割、瓦解和蚕食。

2. 改革开放初期的放权让利阶段（1978—1988 年）

1978 年，党的十一届三中全会提出了改革开放的思想，同时也开启了国有企业的改革之路。其核心思想就是简政放权、减税让利、扩大企业经营自主权。1979 年，国务院发布了《关于扩大国营工业企业经营管理自主权的若干规定》和《关于国营企业实行利润留成的规定》；1983 年，国务院发布了《关于国营企业利改税试行办法》；1984 年 10 月，国务院批转财政部拟定的《国营企业第二步利改税试行办法》；1985 年出台了《中共中央关于经济体制改革的决定》，从而使国营企业改革由试点转向全面推行阶段。通过上述改革，改变了中央过度集中管理国有资产的做法，把大量国有资产下放给地方管理，初步明确了分级管理的原则，明确了企业法人主体地位。但是，这一阶段的改革主要停留于国有企业的经营权和经营方式上，并没有根本触及政府职能的转变和企业所有制，也没有授予国有企业法律意义上的企业法人财产权。因而，国家对国有企业的管理仍是行政控制主导、各主管部门多头管理的模式，尚未从国有资产产权角度加以监管。企业国有资产在“人民”名义下被泛化的现象依然严重。

3. 专职国有资产监管部门初步形成阶段（1988—1998 年）

1988 年，我国借鉴国外尤其是瑞典经验，成立了国家国有资产管理局，作为国务院的直属机构，负责国有资产的综合管理。此时，我国已经开始具有企业国有资产的产权意识，并对政府的企业国有资产所有者职能与社会公共管理职能加以分离，这是迈向现代意义上的企业国有资产监管模式的重要步骤。而这是以市场经济体制改革的深化、国企产权多元化改革包括股份制改革、私有化改革等为前提基础的。当然，这并没有彻底改变企业国有资产多头管理的模式，因为国有资产管理局并不是企业国有资产的唯一出资人。

1994年，国有资产管理局由国务院直属局降格为财政部下属局，“一体两翼”的国有资产管理体制得以形成，即以政府财政部门为主体，国有资产管理局和税务局作为其“两翼”隶属于财政部门。在“一体两翼”模式下，国有资产管理完全纳入到财政体系中。与以国资局为国有资产出资人代表形成的三层管理模式相比，“一体两翼”管理模式更具有计划经济色彩，因为它试图将国有资产所有权职能和社会经济管理职能合而为一。[①] 1995年，国务院第一批授权了国务院31家经济管理部门和行业总公司作为企业国有资产的监管部门，分别对其所属企业国有资产加以监管。由此可见，我国当时国有资产管理及监管体制总体框架概括为：国家统一所有，政府分级管理，多方进行监督，投资主体运营，企业自主运营。[②] 从某种意义上说，在某些方面，这是对1994年之前的国有资产监管体制改革的一种倒退，一定程度上加大了企业国有资产多头管理的程度。

从立法上来看，这一阶段，我国《宪法》修正案将“国营企业”改为“国有企业”；我国先后颁布了《全民所有制工业企业法》《全民所有制企业转换经营机制条例》《国有企业财产监督管理条例》和《公司法》等，从而从立法上进一步明确了国有企业的法人财产权及其独立法人地位，这是企业国有资产走向市场监管的前提和基础；并从立法上明确了企业国有资产的专职管理部门以及国家统一所有、分级管理和多头监管的模式。

4. 国有资产出资人监管权分散行使阶段（1998—2003年）

由于行政体制改革的滞后，国有资产管理局与相关职能部门存在着大量职能交叉，并没有发挥该局的作用。[③] 国有资产管理局更多地充当了“会计”角色，并没有充分发挥企业国有资产的出资人作用。因此，1998年政府机构改革时，又撤销了国有资产管理局，其职能并入财政部。1999年党的十五届四中全会后，实行“统一所有，分级管理”原则。首先，

① 沈志渔、林卫凌：《国有资产监管体制变迁及目标模式》，《新视野》2005年第1期。

② 谢次昌：《国有资产法》，法律出版社1997年版，第23页。

③ 国务院国有资产监督管理委员会研究室编：《探索与研究：国有资产监管和国有企业改革研究报告》，中国经济出版社2006年版，第7页。

中央和地方对企业国有资产实行分级管理。国务院代表国家统一行使国有资产的所有权。其中，国务院对中央企业直接行使所有者职能；各级地方政府对其辖内的国有资产行使所有者职能。其次，随着政府机构改革而带来的企业主管部门的撤销，我国组建了一批大型企业集团，开始实行国有资产授权经营，从而在政府和国有企业之间形成按投入资本享受所有者权益的资本纽带关系。但由于政府职能尚未彻底转型，多数国有资产授权经营公司并不拥有或很难真正拥有国有企业的剩余控制权，从而也就难以真正成为国有企业的投资主体，国有企业的人、财、物等实际控制权仍然在政府各相关部门手中。但相比较而言，毕竟在“政企分开”方面做出了重要的尝试与探索。再次，企业国有资产的出资人职能主要由财政部、国家经贸委、人事部、中共中央大型企业工委以及新设立的稽查特派员公署负责。这就是我们后来常说并加以批评的“五龙治水”模式。

5. 专职国有资产监管部门发展时期（2003 年至今）

2003 年，国务院根据全国人大的决议设立了国有资产监督管理委员会（以下简称国资委），代表政府行使国有资产出资人职能。同年，国务院也出台了《企业国有资产监督管理暂行条例》（以下简称《暂行条例》）。2008 年我国又颁布了《企业国有资产法》，进一步从立法上明确了国资委的出资人地位。当然，国资委并不是企业国有资产的唯一出资人。对于金融、邮政、铁路和烟草等特殊企业国有资产，则由相关主管部门作为其出资人。

从《暂行条例》和《企业国有资产法》来看，从立法上明确了企业国有资产的“统一所有，分级管理”原则，并明确了专职出资人管理机构。虽然“统一所有、分级监管”的原则与“分级所有、分级监管”的原则尚有一定距离，但毕竟前进了一大步。除此以外，根据《中华人民共和国公司法》第 4 条的规定，公司股东作为出资者代表按投入公司的资本额享有所有者的资产收益、重大决策和选择管理者等权利。因此，《暂行条例》和《企业国有资产法》借鉴了《公司法》关于公司股东的规定，国资委作为国有资产的出资人代表，行使的是一种股东权利。从此意义上来说，这不是对原有国有资产管理局的简单回归，而是一种螺旋式上升。这是一种重大进步，体现了国家职能的一种转变。正如有的学者所言，处于探索期，在看到成就的同时，也应意识到现存的问题，国有资产监管缺乏法律意识与法制思维，造成监管环节有法不依，执法不严；未依法明确管理者职责造成权责不对等、职责不清、相互推诿扯皮；管理体制的相对落后造成监管缺位、错位、越位等现象出现。这是由于国有资产监管中的关系尚未理清理顺造成的，严重影响部门的公信力和资产监管效率，直接导致监管力度不强、效果不佳。①

在理论界和实务界存在一个误区，即认为企业国有资产主要由国资委监管、行政事业性国有资产由财政部门监管、资源性国有资产由国土部门、林业部门等监管。其实，这仅是涉及出资人以及出资人监管问题。如果从企业国有资产监管来看，不仅仅涉及出资人监管问题（这是行使股东权利的表现），更多的还涉及政府相关部门、立法机关、司法机关和社会公众等方面的监管问题。如果国资委既行使企业国有资产出资人监管职能，又行使政府的监管职能，必然导致政府的企业国有资产所有者职能与社会公共管理职能混同的现象。

自2008年《企业国有资产法》颁布以来，除了明确了企业国有资产专职出资人及出资人监管外，相比较《暂行条例》而言，首次从立法上明确了人大、政府有关部门、审计部门以及社会公众等有权对企业国有资产加以监督，从而从法律上形成了较为完整的企业国有资产监管体系。因此，关于我国现行的企业国有资产监管模式，可以概括为：除了立法监管、司法监管、社会监管和企业监管外，在行政监管方面，至少从形式上适应了国际上关于企业国有资产监管模式的趋势。当然，我国现行的监管模式存在着诸多缺陷与不足，留待下文详叙。

（二）我国企业国有资产监管模式的缺陷及成因分析

从我国现行的企业国有资产监管模式来看，总体而言，主要存在如下缺陷与不足：包括但不限于忽视纵向监管权的配置；重国家监管、轻社会监管；重行政监管、轻立法监管和司法监管；重事后监管，轻事前监管和事中监管；国有企业治理严重缺陷；企业国有资产监管法治化水平低等。对于一些特殊的垄断国有企业以及境外的企业国有资产所存在的监管问题

① 张敏捷：《国有企业公司治理之研究——完善国有资产监管机制和优化国有企业公司治理结构》，《经济体制改革》2013年第6期。

就更为严重。比如国家审计署公布的2008年度中央预算执行和其他财政收支审计结果显示，13户中央企业因决策失误、管理不善和违规操作等造成的损失中，初步确认有28.42亿元已经无法追回。再比如前几年发生的中国航油（新加坡）股份有限公司投机期货巨亏5.5亿美元的事件（俗称新加坡中航油事件）。又比如根据国资委副主任李伟的统计，截至2008年10月底，央企从事金融衍生品业务形成114.0亿元的浮动净亏损。[①] 这里既涉及国有企业转型改制问题，也涉及国家层面、社会层面和企业层面等因素。具体而言，主要包括如下几个方面：

1. “统一所有、分级监管”的矛盾

由于政治体制改革的滞后和传统公有制意识形态的主导，自从党的十五届四中全会进一步明确了“国家统一所有、分级管理、授权经营的原则”以来，我国在国有资产所有权以及中央与地方关系方面一直遵循这种理念。对此，《暂行条例》和《企业国有资产法》做出了明确规定。

虽然，我国明确规定了国家统一拥有企业国有资产所有权，但事实上，地方政府的所有权主体地位已是实然状态。然而，我国宪法等相关法律法规及其制度并未给予承认和保障，势必影响到地方政府的积极性，以及中央与地方的利益分配问题。其结果是：名义上国家统一所有，实际上“条块分割”，形成“条中有块，块中有条，条块交叉并存，层层授权，层层代理，导致委托代理的环节特别多，据统计，多的达60多个环节”[②]。在“统一所有”的前提下，中央与地方的权利义务关系不对等，纵向监管权配置难以实施，难以确定哪些企业国有资产属于中央监管，哪些企业国有资产属于各级地方监管，其结果是企业国有资产监管权多存在于中央，而且过于集权，难以调动地方监管的积极性，“分级监管”就成了问题，必将影响到监管成效，企业国有资产在“条块分割”中更容易流失。

2. 国资委职能有待于进一步明确

由于政府职能尚未完全市场转型，政府机构改革仍存在或多或少的缺

---

① 旷野：《投行衍生品交易遭调查，央企巨亏超百亿集体沉默》，2010年5月19日，搜狐网（http://business.sohu.com/20100519/n272202062.shtml）。

② 魏杰：《构建新的国有资产管理体制》，江苏人民出版社1998年版，第30页。

陷。从作为国务院特设直属机构的国资委职能来看，国资委并未完全充当干净的出资人角色，法律定位模糊。国资委既行使企业国有资产的出资人职能，又行使了部分政府社会公共管理职能。尽管国家政策及立法意图尽可能实现政府的企业国有资产所有者职能与社会公共管理职能分离，但在事实上并未充分做到这一点。或许这是我国社会转型时期难点所在。因而，国资委变成了一个“管人、管事、管资产”的机构，拥有了更大的职权。国资委从性质上看，既是政府，又是事业单位，而且更多的是政府机构性质，权力过分集中。国资委一方面是出资人，另一方面又是监管者，二者身份对立，必然出现目标对立。① 在此情况下，国资委就很难很好地行使出资人权利，政府干预色彩依然浓厚，对于国有企业而言，会产生新的“婆婆”②；在此情况下，甚至有学者质疑，国资委是否可以作为出资人？③

3. 重行政监管，轻立法监管和司法监管

长期以来，由于我国政治体制改革严重滞后于经济体制改革，从而导致国家权力配置从横向上看，立法机关、行政机关和司法机关权力分工与制衡不足，人大应有的地位并未充分体现，司法独立性不够，行政权力过分膨胀等。因而，势必影响到我国企业国有资产监管权的有效配置问题。当司法体系缺乏独立性和客观性，立法机关在行政机关的支配下经常推翻法律，以及尊重产权和法律的名声不佳的情形，就会发生。④

考虑到企业国有资产的国家所有权属性，以及国有资产与行政权力的千丝万缕的关系，如果从国家监管权的横向配置来看，立法监管、司法监管和行政监管相比较而言，立法监管和司法监管更为重要，尤其是立法监管。

然而，从实践来看，长期以来，我国主要是从行政监管（即政府监

---

① 郭复初等：《完善国有资产管理体制问题研究》，西南财经大学出版社 2008 年版，第 19 页。

② 蔡红：《企业国有资产监管行为外部性的法治规则》，《开放导报》2005 年第 3 期。

③ 史际春等：《企业国有资产法理解与适用》，中国法制出版社 2009 年版，第 3 页；谢次昌：《国有资产法》，法律出版社 1996 年版，第 49 页。

④ 世界银行编：《官办企业问题研究：国有企业改革的经济学和政治学》，中国财政经济出版社 1997 年版，第 176 页。

管）的角度考虑企业国有资产监管，无论是国资委、财政部，还是政府其他主管部门，包括以前所论及的“九龙治水”和“五龙治水”等，均体现于此。而立法监管和司法监管却明显不足，有关此方面的研究也很少。虽然，我国《企业国有资产法》已经涉及立法监管等规定，但原则性较强，缺乏可操作性，实践效果也不明显。前已述及，在国外尤其是西方发达国家，议会监管（即立法监管）非常显著，司法威慑力也非常明显。

4. 行政监管权配置存在交叉与真空现象

从行政监管来看，政府对企业国有资产的监管是政府社会公共管理职能的体现。国资委作为企业国有资产的出资人，行使的是出资人监管权，严格而言，不属于行政监管。前已述及，国资委法律定性虽为出资人角色，但实际上依然具有政府角色，从而导致国资委监管的性质不仅是出资人监管，还是行政监管。由于国资委的错位，势必影响到政府其他主管部门监管职能的行使，比如发改委、商务部、财政部、国家税务总局、审计署、监察部等。这是其一。其二，对于金融、保险、邮政、铁路和烟草等特殊企业国有资产，出资人为其相关主管部门，因此，同样面临出资人监管与政府监管错位和交叉的问题，势必削弱各自的监管职能。而且，这些特殊行业还有专职监管部门，比如证监会、保监会、银监会等。对此，又如何协调这些专职监管机构与政府监管的关系，还有待于进一步法律明确。此外，虽然《企业国有资产法》也适用金融类国有企业，但金融类企业国有资产监管另有规定的从其规定。然而，现在许多非金融类国有企业与金融类国有企业存在业务交叉，而《企业国有资产法》现有规定难以适应这样的趋势，从而为行政监管留下了漏洞。

5. 企业监管和社会监管薄弱

① 从企业监管来看，大部分中央企业仍按照《全民所有制工业企业法》注册登记，企业治理结构存在天然缺陷，属于行政型企业治理模式。虽然部分企业依照《公司法》注册登记，但由于国有企业的特殊性，决定了“一股独大”的现象，意味着国有企业的治理结构不能简单地照搬普通公司治理结构。然而，从国企改革实践来看，由于简单地移植普通公司治理结构，导致国有企业治理结构的异化，依然保持着行政型企业治理

模式，概而言之，即“内部治理外部化，外部治理内部化”[①]。其结果必然是：“新三会”与“老三会”的矛盾与冲突，高级管理人员的行政化，董事会流于形式、运作不规范，监事会职能严重弱化，容易滋生“内部人控制”和地方保护主义问题，损害所有者权益，造成国有资产流失。此外，作为企业监管的出资人制度，由于国资委的定性问题，存在着与政府监管的交叉与模糊，从而影响到企业治理机构的有效运作。②从社会监管来看，由于企业国有资产的国家所有权属性，以及国家的抽象属性和执法者的经济人特点，决定了国家监管固然重要，但社会监管更为重要。然而，长期以来，由于我国政治体制改革的滞后，以及市场竞争机制不成熟，党政不分、社会中介组织的独立性不强、舆论的自由度和透明度不够、公民的权利意识不强、公民的权利诉求及其表达途径不畅、市场竞争不充分和竞争公平性不够等，从而导致社会监管显得非常薄弱，包括各民主党派、社会团体、新闻舆论、公民个人和市场竞争利益相关者等对企业国有资产严重缺乏监管。这恰是我国企业国有资产监管的软肋。此外，各社会监管主体之间，尤其社会中介组织与金融机构之间，缺乏协调与配合，从而进一步弱化了社会监管效果。

6. 监管对象界定不清

总体而言，企业国有资产监管的对象就是企业国有资产本身，进一步而言，就是国有独资企业、国有独资公司以及国有控股公司和国有参股公司中的国有资本及其权益。对于国有控股公司和国有参股公司就更应当如此，监管的对象仅是国有股权，即国有资本及其权益。即使对国有股权的监管，也应当遵循《公司法》等相关法律法规有关公司治理的规则。然而，长期以来，由于受到计划经济体制的影响，缺乏产权意识和企业法人财产权独立性意识，我国往往重实物形态的国有资产监管，而忽视了价值形态的国有资产监管。这不仅是监管对象范围的狭窄问题，而且还涉及监管对象的错位问题，势必影响到监管成效。除此以外，监管主体尤其是国家监管主体常常把应纳入市场机制解决的国有企业行为也纳入监管范围，

① “内部治理外部化，外部治理内部化”，是指从企业角度来看，其内部治理已被政府行为所代替；从政府角度来看，其行政职能取代了企业的经济职能。参见李维安等《现代公司治理研究》，中国人民大学出版社 2002 年版，第 222 页。

不仅干预企业经营自主权，而且增加监管成本、浪费监管资源、降低监管效果，同时还容易扭曲市场机制。无论监管不足，还是过度监管，都影响到监管成效。这实际上涉及监管边界的问题，关系到市场与国家的功能定位问题。如果国有企业的行为由市场机制能够解决的，不应纳入监管范围；凡是市场机制无法解决的问题，才应纳入监管范围。合理地界定监管边界，不仅涉及监管对象及其范围问题，还涉及监管措施的合理计算，衡量监管成本与收益。

7. 重事后监管，轻事前监管和事中监管

从监管环节和监管时间程序来看，监管有事前监管、事中监管和事后监管。立法监管（即议会监管）和社会监管往往更多地具有事前监管和事中监管的功能。在西方国家，国有企业的设立等往往需要经过议会的审批，这就是典型的事前监管。司法监管更多地具有事后监管的功能。

从我国来看，由于政治体制改革的滞后，以及市场机制的不成熟，立法监管和社会监管等严重薄弱，就很容易导致事前监管和事中监管薄弱，尤其是事前监管薄弱。而且，由于企业国有资产与行政权力的千丝万缕的关系，以及经济人特性，我国行政监管也多侧重事后监管，事前监管和事中监管不足。因此，很容易造成企业国有资产的投资决策和运营失误，造成许多不必要的国有资产流失。即使作为事后监管的司法监管，由于司法独立性不够，司法审判的公正性备受质疑，从而在司法领域进一步加剧国有资产流失。某种意义上说，事前监管和事中监管愈强烈，往往民主法治化程度愈高；反之，愈低。因此，这也反映了一个国家或地区的民主法治化程度。

8. 缺乏对监管主体实施再监管制度

长期以来，由于我国缺乏立法监管、司法监管和社会监管，故很少有关于此方面监管主体再监管的研究与实践。至于行政监管，我们过多地关注国资委（前身是国有资产管理局），而忽视了政府社会公共管理职能中所涉及的监管职能，从而也忽视了对行政监管主体实施再监管的研究及其实践。即使有关于行政监管主体再监管问题，往往更多地涉及立法监管、司法监管和社会监管等相互牵制和制衡问题，而这又涉及我国的宪政问题，常因此而难以深入。至于国资委监管，如前所述，既然立法已经将其定性为出资人角色，理应不是行政监管，而是企业出资人监管，属于企业监管范畴。但是，国资委监管常被人理解为行政监管，现实也是如此。虽然，有学者谈到了国资委再监管的问题，尤其在国资委权力趋于膨胀的情况下，提到了“人民代表大会问责制度、外部审计制度和强制信息公开制度”等①，但由于涉及宪政问题，无论从立法上还是实践上，关于国资委再监管制度都有待于构建。

从立法上来看，我国《暂行条例》仅在第38条对监管主体的再监管做了一些规定，但内容简单，原则性强，缺乏可操作性。同样，我国《企业国有资产法》也仅在第八章“法律责任”这部分有原则性规定，而缺乏关于监管主体再监管的制度建设。比如缺乏行政相对人的听证程序、缺乏公益诉讼制度等，而这又源于深层次的司法独立性不够及其背后的宪政问题。

9. 监管法治化水平低

长期以来，由于我国法治化水平较低，企业国有资产监管立法、执法和司法均比较薄弱，监管多采取行政控制手段，与国际上采取法律监管的方式相比较而言，差距较大。

从我国企业国有资产监管立法现状来看，企业国有资产监管在相关企业法中却严重缺乏规定，比如《公司法》主要属于私法，以普通公司企业作为调整对象，即使国有控股公司或国有参股公司在《公司法》中也以私法主体身份平等参与市场竞争，但缺乏对企业国有资产监管应有的规定②，至多公司治理结构对企业国有资产监管有借鉴意义；而现有的《全民所有制工业企业法》及其实施条例不仅对此缺乏规定，而且已经远不能适应市场经济的需要。虽然，《暂行条例》第六章以及《企业国有资产法》第七章等对企业国有资产监管有专门规定，但对此规定均比较笼统和原则；而且《暂行条例》属于行政法规，立法层次较低，过渡性明显，在某些方面又与现行《宪法》《公司法》等法律制度不协调；《企业国有资产法》在此方面的规定还存在一些缺陷与不足，比如企业国有资产出资人制度等。此外，虽然《企业国有资产法》也适用金融类国有企业，但金融类企业国有资产监管另有规定的从其规定。然而，现在许多非金融

① 沈志渔、林卫凌：《国有资产监管体制变迁及目标模式》，《新视野》2005年第1期。

② 关于企业国有资产监管，《公司法》也不应有此规定，理应有特别法加以规范。

类国有企业与金融类国有企业存在业务交叉，而《企业国有资产法》现有规定难以适应这样的趋势，从而为企业国有资产监管留下了漏洞。另外，我国还存在大量的境外企业国有资产，而我国现有的《境外国有资产管理暂行办法》等行政法规及其规章立法效力层级低、过分原则、缺乏可操作性，而且还存在滞后性，从而为国有资产流失留下了漏洞。

从我国企业国有资产监管执法和司法现状来看，由于人大应有的地位没有充分体现、司法独立性不强以及行政权力膨胀等因素，从而导致立法监管、司法监管等均比较薄弱，势必导致企业国有资产监管的执法和司法不力。

第五章

我国企业国有资产监管模式法律构建

一 我国企业国有资产监管模式法律构建的前提

（一）国家所有权与企业国有资产监管模式的选择

所有权乃是一项根本性基本权利，并与人格自由之保障，具有内在关联。在全部基本权利中，所有权所担负的任务，乃在于财产法范畴中，确保基本权利承担者享有一个自由空间，进而使其能构建自我负责的生活。[①] 从所有权角度来看，通常认为，所有权分为国家所有权、集体所有权和私人所有权。[②] 毫无疑问，企业国有资产则属于国家所有权范畴。所谓国家所有权，有学者提出了私有制社会的国家所有权概念和公有制社会的国家所有权概念。在私有制社会，国家所有权乃是不同历史时期的国家作为主体为实现统治者个人或集团的意志和利益，对国有财产享有的占有、使用、收益和处分的权利。[③] 在公有制社会，国家所有权是指社会全体成员共同占有生产资料的所有制形式在法律上的反映，它是指公有制社会的国家为了全体人民的利益对全民共同占有的财产享有的占有、使用、收益和处分的权利。[④] 很显然，从公有制和私有制的角度阐述国家所有权概念带有浓厚的计划经济色彩和传统的公有制为主导的意识形态。基于此

---

① ［德］G. 平特纳：《德国行政法》，朱林译，中国政法大学出版社 1999 年版，第 90 页。

② 实际上，有些学者对此提出了质疑。参见张建文《转型时期的国家所有权问题研究：面向公共所有权的思考》，法律出版社 2008 年版，第 102—123 页；李昌庚《新路径视野下的农村集体土地所有权的反思与重构——兼评〈物权法〉第五章》，《学术论坛》2007 年第 30 卷第 7 期；梅夏英《物权法 · 所有权》，中国法制出版社 2005 年版，第 108 页。

③ 王利明：《国家所有权研究》，中国人民大学出版社 1991 年版，第 5 页。

④ 佟柔主编：《民法原理》（修订本），法律出版社 1986 年版，第 158、161 页。

立场偏见，无论公有制视野下，还是私有制视野下的国家所有权概念都容易存在歧义，而难以适应市场经济社会的发展。

所有权概念从其产生之日起就与私有财产密切相关，也只有在私有财产范畴，所有权才体现其价值。在西方法学家来看，财产的概念就是对私有财产的解释。杰里米·沃尔德伦（Jeremy Waldron）就曾经说过，所有权是一个只有私人财产制度才能加以具体说明的概念。[1] 根据《牛津法律大辞典》的解释，财产主要有三种含义：被拥有或可能被拥有的事物，如财富、财物和土地；所有权，即唯一拥有、享用和使用某物的权利；归某人合法所有之物，即受法律保护而私人享有的有形财产权和无形财产权。[2] 即使关于国有资产的研究，也纯粹是以私有财产的观念和原则来进行分析的，例如把国有资产称为"国家私产"等。这种财产的观念和研究方法，是由西方法学家根深蒂固的私有财产观念所决定的。[3] 正如马克思所言，罗马人的"主要兴趣是发展和规定那些作为私有财产的抽象关系的关系"[4]。从此意义上来说，以公有制和私有制加以分类阐述国家所有权没有多大价值。也正因为如此，有学者对国家所有权本身就提出了质疑。[5] 笔者以为，也只有摒弃了公有制和私有制的僵化意识形态，国家所有权在市场经济社会中才有意义。

就国家所有权本身而言，终极所有者是全体人民，而人民毕竟是抽象的政治概念，不能成为法律上的民事主体制度。让全民作为产权主体，有悖一物一权主义。[6] 因此，国家所有权的主体理应是拟制法人意义上的国家。但是，作为抽象意义的"国家"也是通过具体国家机构行使其所有权的。对此，国外基本上存在着两种做法：一是由议会作为国家所有权的代表，比如英国等。二是直接由政府作为国家所有权的代表。它又分为如

---

① ［美］克里斯特曼：《财产的神话——走向平等主义的所有权理论》，张绍宗译，广西师范大学出版社2004年版，第39—40页。

② ［英］戴维·M. 沃克主编：《牛津法律大辞典》，北京社会与科技发展研究所组织编译，光明日报出版社1989年版，第729页。

③ 王利明：《国家所有权研究》，中国人民大学出版社1991年版，"前言"第1—2页。

④ 《马克思恩格斯全集》第1卷，人民出版社1972年版，第382页。

⑤ 梅夏英：《物权法·所有权》，中国法制出版社2005年版，第108页。

⑥ 郭广辉、王利军：《我国所有权制度的变迁与重构》，中国检察出版社2005年版，第134页。

下几种做法：一是统一由中央政府作为国家所有权的代表，比如法国等；二是实行分级所有制，由联邦、州和市镇分别行使国家所有权，比如美国、德国、俄罗斯等。我国则规定由国务院代表国家统一行使国家所有权。

无论是议会，还是政府作为国家所有权的代表，由于产权无法落实到具体的私人身上，履行国家所有权代表的议会或政府的公务人员毕竟是经济人，人性恶的一面必然决定了他们假“国家”或“人民”的名义损公肥私的现象，从而导致国家所有权产权主体虚置的问题，难以跳出哈丁教授所谓的“公地悲剧”①。企业国有资产也不例外。国有财产主体的非人格化特点，使得在政府及其部门不再直接以所有者身份干预企业经营行为的市场化条件下，引发了国有财产普遍缺乏所有者利益驱动及其对企业的有效传导，也即“老板”缺位的状态，以致国有财产流失，经营者频发道德危机。②

同时，国家所有权与国家公权力存在着千丝万缕的关系。因而，也就不难理解为何国有企业具有行政垄断倾向。企业国有资产本身渗透了国家公权力因素，也存在着政府失灵的幽灵。由于国有企业是政府投资的，无论政资分离还是政企分开，国有企业都难以逃脱政府的“魔掌”。作为国有企业股东的政府也不应当彻底放任国企不管，否则就是放弃了股东的权利义务。正因为如此，国有企业与行政权力存在天然的联系，也就必然容易滋生垄断现象，国有企业的弊端就是政府失灵的具体体现，尤其在中国民主法治化程度不高、行政权力缺乏有效规制的情况下更是如此。③

鉴于此，国家所有权的神话决定了我国企业国有资产监管模式的法律构建必须掌握如下几个逻辑前提：

（1）企业国有资产的市场定位与转型。国家所有权的神话决定了企业国有资产的法律价值。前已述及，企业国有资产的法律价值决定了企业国有资产的功能定位应当满足如下几个方面：①从我国宪政价值来看，企

---

① Garrett Hardin, “The Tragedy of the Commons”, *Science*, Vol. 162, No. 3859, 1968, pp. 1243 - 1248.

② 潘静成、刘文华：《经济法》（第2版），中国人民大学出版社1999年版，第146页。

③ 李昌庚：《金融危机视野下经济法价值的拷辨——以国有企业为例的实证分析》，《政治与法律》2010年第6期。

业国有资产应当定位于更好地实现我国民主宪政体制；②从我国民商法价值来看，企业国有资产应当定位于服务市民社会的培育与发展；③从我国经济法价值来看，企业国有资产主要定位于弥补市场失灵。因此，在市场经济的社会，企业国有资产主要存在于私人投资无力进入或不愿意进入的各种基础设施，国民经济中的支柱产业、先导产业、瓶颈产业和幼稚产业，生态环境的保护和科技攻关项目，一些需要特别扶持的地区。[①] 然而，“国家之手”在我国仍过多地介入市场机制所能解决的领域，我国现有的企业国有资产仍过多涉足竞争性领域，从而与民争利。因此，企业国有资产的市场定位与转型是构建企业国有资产监管模式的逻辑前提，也是解决国有资产流失的关键所在。

（2）企业国有资产监管成效的相对化。虽然私有企业相比较国有企业，企业所有者的“经济人”特性更明晰，有着更多的利益驱动去监管企业本身，但任何企业所有者均面临着监管成本问题。这种监管成本决定了，“投资者所有的企业的一个明显的局限性是投资者通常都无法有效地约束企业的管理人员，在一个典型的美国的上市公司里，没有任何一个单独股东可以凭借其持有的股票对企业实施有效的控制，而即使是一群股东集合起来通常也很难对公司的决策施加影响”[②]。当企业所有者对管理层监督不力时，管理人员就有机会偷懒或从事利己交易，很显然这种行为有时会给所有人造成相当大的损失。[③]

国有企业更是如此。国家所有权天然地具有产权主体的虚置和行政垄断的倾向，决定了企业国有资产监管大打折扣。同时，企业国有资产的国家所有权属性决定了不单是国家授权的出资人的监管，还涉及立法监管、司法监管、行政监管和社会监管等，从而必然加大了监管成本。与此同时，国家公权力的监管同样面临着政府失灵的幽灵，存在着被监管者俘获的风险。监管成本与企业国有资产的效益权衡，就成为企业国有资产监管模式构建的重要考量因素。这就意味着，我们不要抱着理想化的态度去寻

---

① 刘大洪主编：《经济法学》，北京大学出版社 2007 年版，第 310 页。

② ［美］亨利·汉斯曼：《企业所有权论》，于静译，中国政法大学出版社 2001 年版，第 81 页。

③ 同上书，第 51—52 页。

求国家监管；寻求国家监管的同时，要处理好国家与市场的关系，国家监管不能破坏市场的边界。以这样一种清醒的态度去构建企业国有资产监管模式，反而会起到事半功倍的效果。这也正是我国企业国有资产监管模式构建的重要逻辑前提。

（二）中国社会转型时期与企业国有资产监管模式的选择

何谓社会转型时期，这是一个相对概念，是以未来社会的标准作为衡量参照系数，来界定现实社会。就中国而言，姑且不论清末和民国时期的社会转型问题，就改革开放以来，从计划经济向市场经济的转变，从高度集权、人治的社会向民主法治社会的转变，皆需要一个较长的过程。这种过程就是我们通常所谓的社会转型时期。在中国，之所以经历较长的社会转型时期，固然因素很多，但有一个重要因素在于，中国没有采取激进式改革方式，而是采取渐进式改革的方式，从而决定了我国的很多改革措施往往难以一步到位，就很容易产生一个旧体制已经失效而新体制尚未完全形成的过渡时期。这种渐进式改革虽然有利于社会稳定和相对平稳过渡，但有时往往容易产生新旧体制摩擦，使问题积重难返，从而加大了社会转型时期的漫长性和复杂性。

从政府职能转型来看，我国行政体制改革的过程，就是政府职能重新定位与调整的过程，以实现政府的社会公共管理职能与所有者职能的分离，宏观调控职能与微观规制职能的分离，达致独立监管的目的。然而，由于我国实行的是一种渐进式政治体制改革，而且政治体制改革又严重滞后于经济体制改革，从而导致政府职能的转型及职能分离的目标不可能一步到位。这就必然影响到国资委的职能定位。从《企业国有资产法》来看，国资委似乎定位于出资人角色。从企业国有资产监管来看，国资委仅行使出资人监管职能。但问题是，国资委无论从其名称还是实际运作来看，国资委似乎还是企业国有资产的专职监管部门，就如同证监会、保监会和银监会等一样。与其如此，理应取消国资委的行政级别，去行政化。但现实远非如此。因此，政府职能转型关系到国资委定位，也必将影响到企业国有资产监管模式的选择与构建。

从市场经济体制的成熟与完善来看，由于渐进式的改革目标，以及中国地区差别、城乡差别等特殊国情，加以既得利益集团的障碍等因素，决定了我国市场经济体制是一个逐渐建立和完善的过程。而政府职能转型的缓慢或不彻底都将影响到市场经济体制的成熟与完善。尤为重要的是，基于传统的公有制主导的意识形态，国有企业市场转型较慢，国有企业的比重一直比较高，而这直接关系到市场经济的发展。过高的国有企业比重是阻碍市场经济发展的重要因素。不合理的企业国有资产比重必然影响到企业国有资产监管的成效；而且因不合理的企业国有资产比重而加剧的市场经济的不成熟，又进一步限制了企业国有资产监管的效率。

从民主法治化程度来看，由于我国实行的渐进式改革，政治体制改革一直滞后于经济体制改革，从而导致我国社会主义民主政治建设难以适应市场经济社会的需要。从中国自身特殊国情来看，由于民族问题、台湾问题、地区发展不均衡问题等，政治民主化进程又伴随着诸多社会风险，尤其是国家统一和社会稳定的风险，从而容易成为某些既得利益者阻碍改革的借口，又制约了我国民主化进程。具体而言，涉及人大应有的地位没有充分体现、司法独立性不够、行政权的膨胀没有得到有效制约、公民权利诉求缺乏充分有效的表达途径等，决定了企业国有资产监管中的国家监管、社会监管等的实施必将大打折扣。民主与法治是一对孪生兄弟，民主化水平决定了法治化水平；法治化水平反过来又制约着民主化水平。由此决定了我国民主法治化水平总体偏低，而民主法治化水平较低又制约着我国市场经济体制的健全与完善以及政府职能的转型，从而使我国企业国有资产监管模式的法律构建及其监管成效面临更多不确定因素，表现出诸多复杂性。正如有学者指出，中国缺少的从来就不是财富，而是缺少保障财产安全的制度环境。[①] 而这种制度环境的构建过程，在中国社会转型时期表现出其渐进性和复杂性。

（三）国外企业国有资产监管经验与企业国有资产监管模式的选择

市场经济的社会，虽然存在国情的差异，但毕竟有市场机制的共通性规律，现代意义上的“监管”就是市场经济社会的产物。国有企业的市场定位以及企业国有资产的监管有着市场经济社会的共性。因此，我们应

---

① 俞江：《民事习惯对民法典的意义——以分家析产习惯为线索》，载《私法·总第9卷》，北京大学出版社2005年版，第56页。

当学习和借鉴国外尤其是西方发达国家关于企业国有资产监管的成功经验，比如：中央与地方适度分权；设立专职管理部门，实现国有资产所有者职能与社会公共职能的分离；国有市场化和民营化；实行分类监管；议会监管突出，审计监管、司法监管和社会监管显著；企业治理结构较为成熟，企业自我监管效果显著；企业国有资产立法特殊，监管法治化程度高等。

但同时我们也应当看到，国外尤其是发达国家存在着放松管制与引入竞争同步进行等的发展趋势，而这一点与我国避免不必要的行政干预、简政放权和在转轨阶段无序中加强管制同步进行等绝非相提并论。国外无论发达国家还是发展中国家均与我国存在很大的国情差异，国有企业比重较低、市场机制较为成熟、民主法治化水平较高、相对高效廉洁的文官制度等，则是许多国家的共性。相比较而言，虽然我国已经实行市场经济体制，但由于政治体制改革的滞后，不仅影响到民主法治化水平，而且还制约了市场经济体制的健全与完善，诸如市场机制不成熟、国有企业比重依然过高、民主法治化水平较低等。面对社会转型时期的中国，市场机制的完善、民主法治化水平的提高等又非一蹴而就，从而决定了我国企业国有资产监管模式不能简单地照搬国外的监管模式。正如国务院国资委副主任李伟所说，"这些年国有企业改革在不断探索、不断推进，目前还没有一个非常成熟的模式。国际上也没有现成的经验和模式，西方发达国家国有经济比重没有我国这么大，国有资产监管模式也不完全一样。这就使我们探索深化国有企业改革，建立完善现代企业制度，更显艰巨性，更显长期性"①。

因此，在我国社会转型时期，如果机械地照搬国外尤其是发达国家关于企业国有资产监管的经验，以成熟市场经济条件下的监管标准来要求我国的监管主体，势必容易造成制度之间的脱节，而且因为监管社会环境的缺乏而造成监管低效以及市场无序。比如：关于国有资产出资人代表，有的国家属于议会，有的国家属于政府；关于是否设立专职国有资产管理部门，有的国家设立，有的国家不设立等，这些并不足够影响企业国有资产

① 《李伟在全国国有资产监督管理工作会议上的总结讲话》，2008 年 12 月 26 日，国务院国有资产监督管理委员会（http：//www. sasac. gov. cn/n85881/n85901/c991299/content. html）。

监管的成效，其理由主要在于国有企业比重较低、市场机制比较完善、民主法治化程度较高则是这些国家的共性。我们再以新加坡国有企业为例。新加坡的淡马锡公司处在市场经济发达、政治廉洁和法治化程度较高的制度背景中，这一制度背景难以一蹴而就。而且，新加坡又是一个城市国家，国有企业的委托代理链很短，代理成本低等。这就决定了我们不能简单地去学习和照搬国外经验，而必须认识到问题的实质，以消解我国企业国有资产监管的自身困境，寻求构建企业国有资产监管模式的有效途径。

二　我国企业国有资产监管模式法律构建的基本原则

完善对国有资产监督管理机构的监管，需要遵循一定的原则。只有遵循一定的原则，才有利于完善对国有资产监督管理机构的监管，才能够达到预期的监管目标。[①] 企业国有资产监管模式法律构建的基本原则作为企业国有资产监管行为的基本准则，要体现企业国有资产监管的特殊性，要能够指导和引领企业国有资产监管的立法、执法和司法以及企业国有资产监管模式及其具体制度的构建，从而反映企业国有资产监管的内容核心及其精神实质。就此而言，作为市场监管及其市场经济法治社会所具有的公开、公平、公正等共通性基本原则，就不能作为企业国有资产监管的基本原则。鉴于此，我国企业国有资产监管模式法律构建的基本原则主要包括如下几点：

（一）分级所有、分级监管原则

所谓分级所有、分级监管原则，是指根据国家不同的财政层级，企业国有资产由中央和地方各级政府分别享有所有权，中央和地方各级国家机关对不同财政层级所属的企业国有资产分别加以监管。实行分级所有、分级监管原则，有助于企业国有资产监管责任到人，减少委托代理链和信息不对称问题，降低监管成本，提高监管成效。

---

① 年志远等：《国有资产流失及其治理机制研究》，经济科学出版社 2012 年版，第 105—108 页。

我国企业国有资产在中央与地方关系方面，目前实行国家统一所有、地方分别管理的模式。我国现有的立法（比如《企业国有资产法》等）以及党和国家的政策均体现了这一点。在“统一所有”的前提下，中央与地方的权利义务关系不对等，纵向监管权配置难以实施，难以确定哪些企业国有资产属于中央监管，哪些企业国有资产属于各级地方监管，其结果是企业国有资产监管权多存在中央，而且过于集权，难以调动地方监管的积极性，“分级监管”就成了问题，必将影响到监管成效，企业国有资产在“条块分割”中更容易流失。因此，无论法学界还是经济学界等，许多学者提出了国家所有权的分级所有的观点。[①] 这也是国际上许多国家的做法，包括美国、德国、俄罗斯等。笔者也赞同“分级所有”的观点，即企业国有资产由中央和地方各级政府分别享有所有权，尤其在中国这种人口众多、地大物博、地区发展不均衡和国企比重较大的国情下。虽然，企业国有资产的“分级所有”并不能根本解决国家所有权神话问题，但“分级所有”相比较“统一所有”而言，有利于尽可能明晰产权，解决委托代理链过长的问题，降低代理成本；有利于与我国财政层级相适应，有效贯彻财政联邦主义和分税制的应用；有利于正确处理中央与地方的分权关系，形成权利义务对等、责权利相统一的利益格局，充分调动地方的积极性；有利于国家所有权内部的相对市场化等。总之，“分级所有”可以相对降低国家所有权的负面影响，从而有效实施“分级监管”，提高企业国有资产监管效率。因此，在企业国有资产市场定位和转型的同时，需要进一步深化所有制改革，实现企业国有资产的“分级所有”。

分级所有、分级监管原则主要是从国家监管的角度加以阐述（见图 5—1）。

（二）分类监管原则

所谓分类监管原则，是指国家根据不同类型的国有企业给予不同的监

---

① 史际春等：《企业国有资产法理解与适用》，中国法制出版社 2009 年版，第 23 页；漆多俊主编：《经济法学》，高等教育出版社 2003 年版，第 223 页；屈茂辉：《中国国有资产法研究》，人民法院出版社 2002 年版，第 289—290 页；沈志渔、罗仲伟等：《21 世纪初国有企业发展和改革》，经济管理出版社 2005 年版，第 95 页。

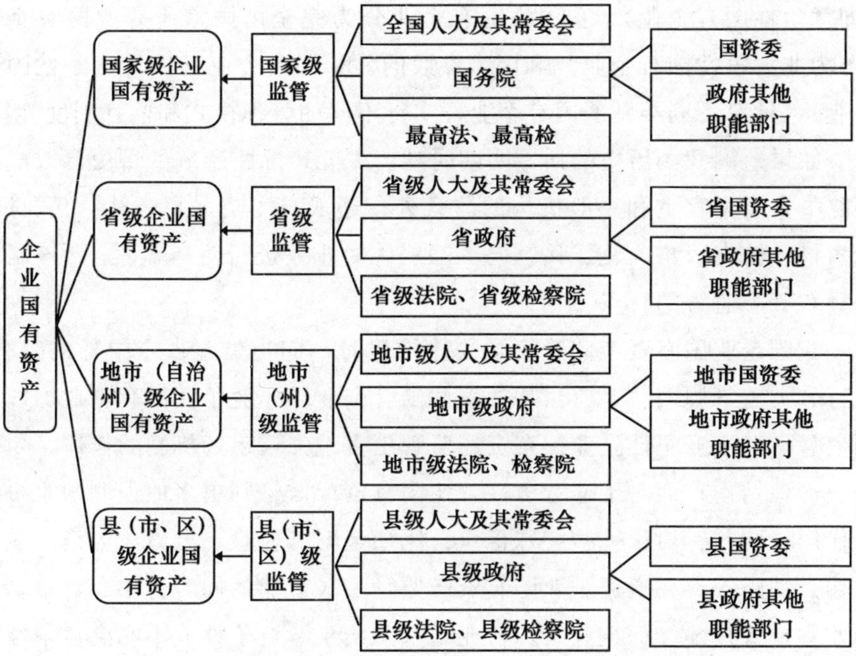

图 5—1　企业国有资产实行分级所有分级监管简况

管。当然，由于分类标准的差异，决定了国有企业有不同的分类，从而带来不同的监管模式。分类监管原则一般是从竞争性国有企业和非竞争性国有企业角度加以考量。[①] 西方国家也是普遍将国有企业分为非竞争性国有企业和竞争性国有企业，并实施不同的监管模式。比如美国、德国、法国和瑞典等。以瑞典为例，瑞典对国有企业按照功能进行分类，设定不同目标，从而实施不同的监管模式。瑞典工业部将国有企业分为两类：占总数95%的市场化国有企业（即竞争性国有企业）明确为股权价值最大化目标，占总数5%的特殊社会责任的国有企业（即非竞争性国有企业）明确为股权价值和社会利益的双重目标。[②] 再如：德国将国有企业分为按照公法设立的国有企业（即非竞争性国有企业）和按照私法设立的国有企业

① 尽管市场经济社会原则要求国有企业从竞争性领域退出，但由于各国国情差异以及市场自身的复杂性，决定了国有企业在一定阶段往往或多或少地仍然存在于竞争性领域。

② 张景瀚、张明之、王维：《从经营国有企业到管理国有企业》，社会科学文献出版社2005年版，第250页。

（即竞争性国有企业），美国将国有企业分为完全由国家所有的国有企业（多为非竞争性国有企业）和国家参股的公私混营企业（多为竞争性国有企业），针对不同类别的国有企业，实行不同的管理模式和监管制度等。

如果追溯我国历史的话，明朝时期，朱元璋除将传统的御史台改成都察院负责全国官吏和一般机构的监察外，还成立了吏、户、礼、兵、刑、工六科，按吏、户、礼、兵、刑、工六科的业务进行对口监察。[①] 该制度即具有分类监管的特点。

我国企业国有资产监管模式法律构建时，应当借鉴古今中外的经验，实行分类监管原则，也应当从竞争性国有企业和非竞争性国有企业加以区别考量。对于竞争性企业国有资产监管更多地强调市场机制的作用，包括企业治理结构；而对于非竞争性企业国有资产监管则更多地强调国家机制的作用。同时，对于一些特殊行业，比如金融、保险、电力、电信、航空运输、铁路等，在遵循企业国有资产监管一般规律的同时，还有自身特殊的监管模式构建。而这些特殊行业常常又属于非竞争性或不完全竞争性企业国有资产。在国有企业改革过程中，已经看到这种变化，2015 年《中共中央、国务院关于深化国有企业改革的指导意见》将国有企业分为商业类和公益类进行分类管理，实行分类改革、分类发展、分类监管、分类定责和分类考核。

（三）协调监管原则

所谓协调监管原则，是指各监管主体对企业国有资产行使监管权时，要相互协调与配合，以尽可能减少监管重复或监管真空，降低监管成本，提高监管成效。之所以要协调监管，这是由市场监管尤其是企业国有资产监管的特性以及我国现实国情所决定的：一是企业国有资产监管主体众多，既涉及国家监管，也涉及社会监管和企业监管；二是企业国有资产监管主体实施监管的成熟度差异很大，我国重在国家监管，而忽视社会监管；重在行政监管，而忽视立法监管和司法监管等，从而导致监管治标不治本，以及监管重复或真空的问题；三是随着我国入世以及经济全球化进

① 温克：《浅谈国有资产的专业化监督——明代六科制度的启示》，《国有资产管理》2010 年第 4 期。

程，我国既存在大量境外企业国有资产，也存在企业国有资产流失境外的情形[①]，这都需要与国际监管相协调。

协调监管原则具体体现在如下几个方面：一是各监管主体之间的协调，比如政府与人大之间的协调、财政部与国资委等政府各职能部门之间的协调、国家机关与社会和企业之间的协调等；二是监管主体内部上下级系统之间的协调；三是不同性质的国有资产监管之间的协调，比如企业国有资产监管与行政事业性国有资产监管之间的协调等；四是国内监管与国际监管之间的协调等。

（四）适度监管原则

所谓适度监管原则，是指监管主体尤其是国家监管主体的监管权运用要适当，对企业国有资产要进行适当地监管，既不能过度监管，也不能监管不足。正如有学者指出，市场监管的适度原则是指市场监管要适当，市场监管法的制定和实施，都应在法定的范围内，以实现绩效的最大化和公平均衡作为制约规制手段选择、节制规制权力运行力度的基准。[②] 前已述及，企业国有资产监管是为了弥补市场失灵和政府失灵，然而，企业国有资产监管本身同样面临失灵的可能性，尤其是政府失灵。对此，布坎南的公共选择理论等早已论证，并已被实践所验证。姑且不论社会监管和企业监管，如果国家监管过度，不仅带来监管成本问题，更容易造成角色错位、扼杀企业自主性、出现行政垄断等现象；如果国家监管不足，则容易忽视国家所有权自身的缺陷，放纵已有的政府失灵和市场失灵，同时也是怠于行使国家所有权出资人权利的表现，导致国有资产流失。

关于经济法基本原则，学界无论提出调制适度原则，还是适度干预原则等，均体现了经济法本质及其精神内核。企业国有资产监管的适度监管原则就是经济法基本原则的具体体现。适度监管原则要求在市场失灵和政府失灵之间寻求一种平衡，以获得市场失灵和政府失灵的最小化，实现监管成效。这也是经济法的价值所在。

---

① 腐败官员或国企高管携带国有财富外逃就是典型表现。

② 张守文主编：《经济法学》，北京大学出版社 2006 年版，第 281 页。

（五）依法监管原则

所谓依法监管原则，是指监管主体对企业国有资产的监管要符合法律规定。市场经济是一种法治经济，依法监管原则既是市场经济的要求，也是法治国家的要求。依法监管原则主要包括如下几层含义：①监管主体资格及其监管权的取得要有法律依据；②监管主体监管权的行使要在法律规定的权限范围内，不得越权、滥用职权或失职；③监管主体行使监管权要符合法定条件和法定程序；④监管主体的监管权要受到相应的监督和制约，建立相应的监管责任制度及其问责制度；⑤要保障被监管主体及其相关主体的救济权，比如行政复议、行政诉讼以及其他诉讼程序等，甚至还涉及公益诉讼制度。

三 我国企业国有资产监管模式的法律构建

如果说经济体制改革和政治体制改革存在着激进式改革和渐进式改革的争议，那么，在我国已是渐进式改革的情况下，对于处于社会转型时期的中国而言，企业国有资产监管就不存在所谓激进式改革和渐进式改革的说法，企业国有资产监管只能采取渐进式改革的做法，而不能简单地盲目照搬国外市场经济较为成熟、民主法治化水平较高条件下的监管经验。

由于新旧体制的摩擦，常常使新的体制发生变异，包括监管制度，并可能使某些问题积重难返，从而导致企业国有资产监管的渐进式改革也存在风险。而这种风险又常常容易产生倒退风险，即某些既得利益集团因自身利益需要而害怕变革，可能延缓甚至阻碍现代监管制度的发育和成长，最终使改革走回头路。这种倒退风险又进一步加剧了渐进式改革的风险。尽管渐进式改革也存在风险，但在我国经济体制改革和政治体制改革已是渐进式改革的背景下，企业国有资产监管的激进式改革已不可能；市场经济的选择意味着我国也不可能退回到计划经济时代的国有资产管理模式。故我国只能继续采取渐进式改革的路径，探索企业国有资产监管模式的法律构建。一方面，继续深化经济体制改革，加快国企改制，进一步降低国有企业比重，准确定位企业国有资产的功能与价值，为企业国有资产监管创造良好的市场环境；另一方面，继续深化政治体制改革，加快政府职能转变，进一步实现政资分开、政监分开，进一步实现政府的所有者职能与社会公共管理职能的分离，同时加强不同职能部门之间的衔接与协调配合，通过协调机制来弥补职能分离过程中可能出现的管制真空，为企业国有资产监管创造良好的政治环境和法治环境。

鉴于我国在企业国有资产方面与世界上许多国家国情存在很大差异，我国企业国有资产监管与国外差异很大，再加以我国企业国有资产监管模式法律构建逻辑前提的考量，决定了我国企业国有资产监管模式的法律构建难以统一地简单概括，也难以简单地与国际类比。依据企业国有资产监管权的配置，结合企业国有资产监管模式法律构建的基本原则，以及国外企业国有资产监管的经验，现阶段，我国企业国有资产监管模式的法律构建应当分层次加以推进：

1. 国家监管、企业监管和社会监管并重，强化社会监管

从整个监管体系来看，企业国有资产监管不限于狭义上的政府监管（即行政监管），还包括国家监管中的立法监管（即议会监管）和司法监管，以及社会监管和企业监管，同时强化社会监管。然而，由于我国市场经济体制的不完善、民主法治化程度较低等因素，决定了我国包括企业国有资产监管在内的诸多市场监管往往更侧重国家监管，而缺乏社会监管和企业监管，尤其是缺乏社会监管。比如社会中介组织独立性不够，难以发挥应有作用；企业治理结构不完善、企业治理行政化等。即使国家监管也是严重的“跛脚鸭”，立法监管和司法监管严重不足，而更多地表现为行政监管。而我国的行政监管还残留着计划经济的色彩，更多地采取行政管制的手段，而较少运用经济和法律手段，从而使行政监管还不是完全意义上的市场监管范畴。

无论是国有企业还是国家参股企业，企业监管是企业自律、自治精神的一种表现，其监管成效体现了企业治理结构的好坏。企业监管是企业国有资产监管的第一道防线。企业监管制度设计的目标就是从行政型企业治理模式转向经济型治理模式。企业国有资产的国家所有权属性，决定了国家监管责无旁贷，以对全体纳税人负责。国家监管是企业国有资产监管的第二道防线，也是企业国有资产监管的重要基础。然而，国家监管存在政府失灵的可能性，包括但不限于国家既得利益者容易与国有企业经营者同谋的情形等；企业监管存在着因国有企业所有者的天然缺位而导致企业自

治监管缺乏产权动力的尴尬。因此，社会监管就成为企业国有资产监管的关键环节，是企业国有资产监管的第三道防线。然而，它又是我国企业国有资产监管最薄弱的环节，也是最需要强化的环节。

加快民主法治化进程和市场经济体制的建立健全，是实现国家监管、社会监管和企业监管并重，并强化社会监管的关键所在。同时，我国企业国有资产监管模式法律构建以国家监管、社会监管和企业监管为目标，又会推动我国民主法治化进程和市场经济体制的建立健全。

2. 立法监管、行政监管与司法监管并重，强化立法监管

从国家监管来看，企业国有资产监管应强调立法监管、行政监管与司法监管并重，同时强化立法监管。在国外尤其是发达国家，立法监管（即议会监管）非常突出，甚至国有企业的设立均需要得到议会的审批；司法监管的威慑力也非常强。然而，由于我国政治体制改革滞后，人大应有的地位没有得到充分体现，司法独立性不强，导致我国立法监管和司法监管严重不足，而更多地表现为行政监管。无论学界还是实务界也更多地关注行政监管。实际上，这仅是狭义上的政府监管问题。基于企业国有资产的国家所有权属性，以及行政权力缺乏应有的监督制约，导致行政监管必然大打折扣，从而决定了企业国有资产监管的效率低下。因此，在行政监管的基础上，加强立法监管和司法监管的力度，尤其要强化立法监管。这要取决于我国的民主法治化进程。

立法监管体现了企业国有资产的“全民所有”和“主权在民”的理念，而司法监管则体现了“问责”精神。立法监管和司法监管不仅满足于直接对企业国有资产的监管，而且也是对行政监管的再监管，从而进一步提高企业国有资产监管的效率。立法监管、行政监管和司法监管本身就体现了权力分工与相互制衡的价值精髓，而这恰是监管成效极其重要的环节。

就企业国有资产监管中的国家监管而言，立法监管是核心，行政监管是基础，司法监管是补充。无论立法监管、行政监管还是司法监管，均存在事前监管、事中监管和事后监管方式，但立法监管更具有事前监管的意义，行政监管更具有事中监管的意义，司法监管更具有事后监管的意义。

3. 专职监管部门与其他职能部门协调配合

从行政监管来看，设立专职监管部门，同时辅以政府财政部和各主管

部门监管的模式，已经成为国际社会的发展趋势。典型的国家如英国、法国、意大利、瑞典、奥地利、俄罗斯、巴西、韩国、印度等。这种模式的特点在于：专职监管部门作为企业国有资产的出资人，行使国家出资人监管权，同时辅以政府财政部和各主管部门对企业国有资产加以监管。比如：英国政府工业部下设国家企业局（后组建了英国技术集团）；瑞典政府工业部下设国有企业局；意大利的国库部，并与预算部和工业部一起行使国家参与制企业的监管；法国财政部下设的国家参股局；奥地利的经济计划部际委员会和国家参与部；俄罗斯的国有资产管理部；巴西政府国家计划部下设国有企业控制署；韩国的国有企业管理委员会；新加坡的若干法定机构①；印度政府财政部下设公营企业局等。②

从我国行政监管来看，也适应了这种国际发展趋势。就中央政府层级而言，国资委是国务院直属特设机构，作为企业国有资产的专职监管部门，行使国家出资人监管权，同时财政部和其他政府职能部门（比如发改委、商务部、监察部、审计署等）协调配合监管。对于各级地方政府而言，则对应着以国资局为专职监管部门，同时财政部门和其他政府职能部门协调配合监管。当然，前已述及，这要取决于“分级所有、分级监管”的改革。对于一些特殊的行业，还要辅助于行业专门监管机构，比如电监会、证监会、银监会和保监会等，同时还要做到这些行业监管机构与国资委及其他政府职能部门的协调配合监管。

根据《企业国有资产监督管理暂行条例》（以下简称《暂行条例》）规定，国资委至少在立法上是政府代行企业国有资产出资人职责的唯一机构。但根据《企业国有资产法》的规定，国有资产监督管理机构根据本级政府的授权，代表本级政府对国家出资企业履行出资人职责；政府根据需要可以授权其他部门、机构代表本级政府对国家出资企业履行出资人职责。由此可见，《企业国有资产法》规定国资委并非是企业国有资产的唯一出资人。根据立法的效力层级以及“新法优于旧法”的原则，《暂行条

---

① 新加坡的法定机构是具有准行政性质的特殊国有企业，介于政府与普通企业之间，具有一定行政职能。

② 印度政府财政部下设的公营企业局并不享有企业国有资产的所有者权能，主要是为政府各主管部门监管企业国有资产提供服务的专门辅助机构。

例》与《企业国有资产法》相冲突的，以《企业国有资产法》为准。据此认为，我国国资委并非是企业国有资产的唯一出资人。这就意味着，我国企业国有资产出资人监管除了国资委作为专职监管部门外，还有可能存在其他部门或机构行使企业国有资产的出资人监管权。对此，有学者认为，履行出资人职责机构多元化，监督管理主体不明确会形成国资监管信息分散、监管制度不统一等问题，极易回归“九龙治水”的旧辙。[①] 笔者认为，从长远来看，企业国有资产的出资人应当统一，但从我国目前企业国有资产数量庞大、行政机构改革及其政府职能转型尚未彻底等国情来看，企业国有资产的出资人统一的条件尚未成熟。从现阶段来看，国资委作为企业国有资产的主要出资人，行使出资人监管权；同时辅以其他部门或机构在可能的情况下经授权成为企业国有资产的出资人，行使出资人监管权。

有学者关于企业国有资产监管，提出了委托人、出资人、经营人、监管人、司法人“五人”定位的观点，在此基础上，认为：一方面，发挥现有监管机构的作用，由纪委、监察部门、央行、财政部、银监会、商务部、工商监管部门、税务监管部门等对不同行业、不同领域行使监管权；另一方面，在现在的监察部之下设立一个专司国有资产监督的机构，它负责监督国家出资企业“董、监、高”人员的行为，监督国有资产产权交易、处置过程当中出现的违法现象。[②] 也有学者表达了类似的观点，认为目前的国资委定位仅是干净的“出资人”角色，其监管也局限于出资人监管。因此，建议政府再设立一个专门的监管机构，或把现有的国资委改造为专门的监管机构，再建立若干管理公司或投资公司专司企业国有资产出资人职能。[③] 这些学者的观点符合“专职监管部门与其他职能部门协调配合”这一国际发展趋势，但在国资委或类似机构出资人定位和是否再设立专门的监管机构方面与我国现有立法存在差异。国资委作为出资人，是否有必要再设立专门监管机构？或另设出资人机构，把国资委改造为专

① 北京市国资委、中国政法大学课题组：《进一步完善北京市国资监管模式的对策建议》，《国有资产管理》2010 年第 4 期。

② 李曙光：《论〈企业国有资产法〉中的“五人”定位》，《政治与法律》2009 年第 4 期。

③ 顾功耘：《国资监管难题剖析》，《上海市经济管理干部学院学报》2010 年第 2 期。

门的监管机构？这些思路均值得我们进一步研究，这种研究也有助于进一步完善国资委职能。

也有学者认为，国资委依法履行出资人职责，理论上应与其他出资人一样，持有企业股权，享有资本收益，决定重大事项，从事资本运营，法律地位上属于民商主体，而不是机关。[①] 依此观点，国资委行使企业国有资产的出资人监管权，就不应当是行政监管的范畴。但笔者以为，基于国家所有权属性，国资委仅作为普通出资人，充当民商事主体，而不是行政机关，显然是“美好的遐想”，现实是做不到的。从国外来看，也是如此。也正因为如此，无论国内外，作为企业国有资产的国家出资人往往均是政府特设机构，具有行政性质。之所以将履行国家出资人职责的机构作为政府的直属特设机构，主要考虑到监管机构的独立性，这是监管最基本的原则；同时还考虑到政府的出资人职能与其社会公共管理职能的分离，但这种“分离”并非要求履行出资人职责的机构就一定不是行政机构。

当然，基于政府的出资人职责与其社会公共管理职能的分离原则，国资委行使出资人监管权，则是履行政府的出资人职责的体现；而政府的其他职能部门，比如发改委、商务部、监察部、审计署等，行使其他行政监管权，则是履行政府社会公共管理职能的重要体现。

在此基础上，结合《企业国有资产法》《暂行条例》《国有企业监事会暂行条例》等相关法律法规，在条件成熟时，制定一部专门的《国有资产监管法》，对包括企业国有资产在内的国有资产监管模式及其具体制度的构建予以法治化，从而使其成为经济法体系中市场规制法的重要组成部分。

---

① 廖红伟：《监管问题与对策研究》，《经济纵横》2009 年第 1 期。

第 六 章

我国企业国有资产监管具体法律制度设计

引子：一个经典案例的反思

中国航油（新加坡）股份有限公司（以下简称新加坡公司），是国有独资公司中国航油集团公司（以下简称中航油公司）的海外控股子公司。新加坡公司自 2003 年开始做油品套期保值业务，后擅自扩大业务范围，从事石油衍生品期权场外交易，导致新加坡公司账面实际损失和潜在损失总计约 5.54 亿美元，造成国有资产巨大流失。尽管如此，新加坡公司还被评为 2004 年新加坡最具透明度的上市公司。

究其原因，难道是法律及其规章制度缺失吗？并非如此。《国务院关于进一步整顿和规范期货市场的通知》《期货交易管理暂行条例》以及《国有企业境外期货套期保值业务管理制度指导意见》等对此均有禁止或限制性规定。徒法不足以自行。问题的症结在哪里？如果说私有企业存在投资者自利和市场自律行为的话，那么国有企业在缺乏此行为动机的情形下，基于国家所有权神话，最大的问题就是缺乏监管，而其背后则是深层次的体制性障碍。

具体而言，主要包括如下几个方面：①国家监管缺位。从立法机关来看，新加坡公司作为国有独资公司中航油公司的海外控股子公司，主要属于国有资产，面对如此巨大的国有资产流失，理应受到人大的质询和调查，甚至人大应为此成立专门的调查组。但人大的监督明显缺失。从行政机关来看，无论国资委还是政府其他相关职能部门都存在监管失职行为，包括国资委事后调查处理该事件过程中也存在监管滞后问题。姑且不论处理是否妥当，单就处理的时间上就非常不妥，2004 年发生的事件却直至 2007 年才做出处理决定。从司法机关来看，该事件绝非一般意义上的违纪案件，已经涉嫌违法犯罪行为，司法机关理应介入。然而，该案件却以行政处理了结，司法监管权却一直处于消极被动中。②社会监管缺位。尽管新加坡公司是海外上市公司，但由于国有资本背景的影响导致的新旧体制的摩擦以及社会整体环境因素，导致无论执政党还是民主党派以及新闻媒体、社会中介机构和公民个人等对国有企业一度失语，常使国有尤其是国有垄断企业一直处于神秘的“面纱”之下。这就不难理解新加坡公司在违法投机巨亏的情况下依然冠以“2004 年度新加坡最具透明度的上市公司”荣誉称号，殊不知违法问题早就存在。③企业监管缺位。尽管新加坡公司是海外上市公司，但由于国有资本背景等因素，导致现代企业制度与传统国有企业制度发生摩擦与冲突，现代企业治理结构存在严重缺陷，企业自律监管缺失。该公司虽有股东大会、董事会、监事会和经理层等现代企业治理结构，也有党委、纪委、审计部等传统国有企业的治理结构，但却流于形式，无法制约新加坡公司总裁陈久霖的行为。该公司长期以来就从事违法投机交易行为一直未向其母公司中航油公司汇报，而且也一直做假账隐瞒实情，甚至也逃脱了新加坡当地的监管机构等，由此可见公司内部治理结构的瘫痪，无论是其母公司中航油公司还是国资委等均难辞其咎。

一 国家监管法律制度设计

（一）立法监管

所谓立法监管，是指立法机关对企业国有资产实施监管的一系列制度安排。有些学者提及的“立法监督”概念及其定义未免过分狭窄。[①] 无论立法监管还是立法监督，也不同于法律监督。正如有学者指出，法理学含义上的法律监督是指法律关系主体之外的第三者监督，是特定法律行为之

---

① 有学者认为，立法监督主要指人大通过立法对国有资产运营进行监督。参见刘玉平主编《国有资产管理》，中国人民大学出版社 2008 年版，第 309 页。

外的行为，如国家机关的监督、社会团体的监督、公民个人的监督等，其监督的法律效力是有差异的。[①] 依此观点，“监管”本身体现了法律监督，而不仅局限于立法监管。

国内外学者常常将立法监管称为议会监管。立法监管既包括对企业国有资产的直接监管，也包括对监管主体的监管以间接实现对企业国有资产的监管。在此，立法监管只涉及前者，后者将在下文详叙。

无论企业国有资产出资人代表属于议会还是属于政府，立法监管权主要来源于两个因素：一是立法机关作为一个国家或地区的最高权力机关，基于权力分工与相互制衡的原理，立法机关有权利也有义务对企业国有资产实施监管；二是企业国有资产作为“全民资产”，属于国家所有，作为人民的代议机构即立法机关当然有权利也有义务对其实施监管。立法监管权主要通过立法机关的立法权和监督权得以实现。基于企业国有资产的国家所有权属性、行政监管的“俘获”理论以及司法监管的事后救济性等特点，决定了立法监管在国家监管中处于核心地位。立法监管权是否有效实施直接关系到企业国有资产监管的成效。

从我国来看，立法机关即各级人民代表大会及其常委会。立法监管是通过人大及其常委会实施的。但由于政治体制改革的滞后，长期以来注重国家权力的纵向设置，而忽视国家权力的横向设置（通过利益的制衡达致权力的体现），导致人大应有的地位一直没有得到充分的体现，而其最关键之处在于人大的人事任免权和“钱袋子”功能并没有有效实施。从表象来看，我国习惯于把卸任的市长、县长或者党委书记安排到人大常委会作为退休的过渡；人们把由人大调往政府工作看成是“重用”，而由政府调往人大工作看成是“休养”等。[②] 因此，也难怪人们常将人大称为“养老院”。这也是我国立法监管成为“软肋”的关键原因。解决此问题的关键在于政治体制改革。正如温家宝总理在 2010 年 3 月 5 日全国人大会议所做的《政府工作报告》中指出，没有政治体制改革，经济体制改革和现代化建设就不可能成功。具体到人大而言，必须要解决人大建设的制度性障碍，比如：人大与行政机关、司法机关的关系问题；人大与政协

① 杨松：《国际货币基金协定研究》，法律出版社 2000 年版，第 324 页。

② 许崇德主编：《宪法》，中国人民大学出版社 1999 年版，第 114 页。

的关系问题，实行“一院制”还是“两院制”；人大代表的产生办法、名额分配、代表比例；人大与政党的关系等，从而使人大的人事权和财政权得到有效发挥，落实人大应有的地位，而不是寄希望于抽象的“最高权力机关地位”或“人民主权”。这是解决立法监管的关键所在。

除此以外，人大对企业国有资产的监管应当从法律上予以明确规定。这在西方国家比较普遍。比如美国法律明确规定，国会有权审批国有企业的设立以及国有资本预算等。长期以来，我国人大对若干问题的监督由于缺乏法律法规的专门规定，从而导致泛化，流于形式。或许有人提出，人大的最高权力机关的性质足以说明涵盖对企业国有资产的监管。而这恰是我国长期以来的制度缺陷，寄希望于抽象的“最高权力机关”或“主权在民”，而缺乏具体的法律制度设计，从而导致“人民的泛化”和流于形式。亦或有人提出，由于监督事项太多，人大监督对象的法律具体化不现实。而这恰恰说明我国市场机制尚未成熟，国家职能尚未转型到位，存在国家机构的错位和越位等现象。随着我国市场经济体制的建立健全，国家职能逐步转型到位，凡是市场机制能够解决的，国家就不要干预；凡是市场机制不能解决的，就由国家干预。基于这种理念，确需要人大监管的事项，包括企业国有资产监管，就可以通过法律予以专门明确规定。

因此，人大对企业国有资产监管的法律制度设计基于两个前提：一是政治体制改革，以此落实人大应有的地位；二是从法律上专门规定人大对企业国有资产的监督。在遵循这两个前提的基础上，人大对企业国有资产监管的法律制度设计具体包括如下几个方面：

1. 人大通过行使立法权，加强对企业国有资产的监管

这主要是一种立法监督。2000 年 3 月 15 日，我国颁布了《立法法》，标志着我国立法监督进入了法治化、制度化阶段。具体到企业国有资产而言，人大通过制定和实施与企业国有资产相关的法律法规对企业国有资产加以监管。人大对企业国有资产监管的立法监督主要体现在如下几个方面：一是要适时地制定相关法律；二是立法要科学，企业国有资产立法监督要涵盖企业国有资产的形成、运营、管理和退出等各个阶段；三是立法要得以有效实施。

从国外来看，市场经济较为发达的国家一般把国有企业作为特殊企业看待，许多国家往往对国有企业采取“一特一法”或“一类一法”的立

法方式。比如：美国田纳西河流域管理局有专门的《田纳西河流域管理局法》（The Tennessee Valley Authority Act）、阿巴拉契亚区域开发委员会有专门的《阿巴拉契亚开发法案》等。再如：新加坡议会为每个法定机构专门立法，明确规定其组织结构和职责范围，确保法定机构依法自主运作。又如：日本在国有电信电话方面有《日本电信电话株式会社法》等。这是其一。其二，许多国家通过议会的立法或授权立法，加强对企业国有资产的监管。比如：美国通过《政府公司控制法》加强对企业国有资产监管，至于行政事业性国有资产，则由《美国联邦财产管理法》管理；新西兰通过《国有企业法》加强对企业国有资产监管；日本、韩国等则通过统一的《国有财产法》对企业国有资产加以立法监督等。其三，西方国家无论企业国有化还是私有化，均以法律加以规范。比如：日本在国铁民营化方面有《铁道事业法》《国铁重组法》《国铁清算事业团法》。再如：美国国会于1970年通过《铁路客运法》成立了全国铁路客运公司等。

从我国目前来看，我国已经颁布了《企业国有资产法》，① 但《企业国有资产法》关于企业国有资产监督的规定仍比较笼统和原则，缺乏可操作性。因此，我国在条件成熟时，还需要进一步修改完善《企业国有资产法》，并加强该法与《企业国有资产监督管理暂行条例》（以下简称《暂行条例》）、《境外国有资产管理暂行办法》等相关法律法规协调配合，以有效发挥立法监督作用。② 除此以外，我国《公司法》主要属于私法，以普通公司企业作为调整对象，即使国有控股公司或国有参股公司在《公司法》中也以私法主体身份平等参与市场竞争，而缺乏对企业国有资产监管应有的规定，③ 至多公司治理结构对企业国有资产监管有借鉴意义；而现有的《全民所有制工业企业法》及其实施条例不仅对此缺乏规定，而且已经远远不能适应市场经济的需要。《企业国有资产法》相比较《公司法》《全民所有制工业企业法》等而言，则是特别法。因此，还要

---

① 国外由于企业国有资产数量相对较少，一般没有专门的《企业国有资产法》，但往往有统一的《国有财产法》，比如日本、韩国等。

② 《暂行条例》《境外国有资产管理暂行办法》属于行政法规，不属于立法监管范畴，而属于行政监管范畴。

③ 关于企业国有资产监管，《公司法》也不应有此规定，理应有特别法加以规范。

处理好一般法与特别法的关系。

随着我国市场经济体制逐步健全与成熟，国有企业逐步市场转型到位，一方面，存在着国有企业私有化趋势，理应通过专门立法加以规范。这恰是我国长期以来所忽视的，也进一步加剧了国有私有化过程中的国有资产流失现象。即使需要国有化的项目，也应通过专门立法加以规范。另一方面，市场社会中保留下来的许多国有企业也应作为特殊企业对待，以有别于市场竞争性的普通企业，并加以特殊企业立法，采取“一特一法”或“一类一法”的立法方式，以有效实施企业国有资产监管。从我国目前来看，有些中央国有企业已经逐步具备条件，可以考虑采取这种立法方式，比如三大政策性银行、能源、电信、移动通信等行业的中央企业等。

2. 人大通过行使监督权，直接对企业国有资产加以监管

我国 2006 年 8 月 27 日颁布了《中华人民共和国各级人民代表大会常务委员会监督法》（以下简称《监督法》），从而使人大监督（包括对企业国有资产的监管）有法可依。具体包括如下几点：①人大通过执法监督检查，加强对企业国有资产的监管。一是审查不同效力层级的法律法规冲突问题，实现法律法规之间的协调配合。比如《企业国有资产法》与《暂行条例》在出资人方面就存在冲突，需要加以修改、解释与协调；再如《企业国有资产法》与金融法律法规需要衔接、协调，以免金融性企业国有资产监管存在漏洞。二是审查法律的有效实施，比如《企业国有资产法》《暂行条例》等。由于种种因素，法律能否有效实施一直是我国的难点。“徒法不足以自行。”只有法律的有效实施，才能使企业国有资产监管避免个人长官意志和随意性，实现监管的法治化和制度化。三是审查法律法规在实施过程中所暴露的缺陷与不足，对现有的法律法规适时地加以修改或废止，以使法律不断地保持“良法”状态。②法律应当明确规定人大审批国有企业的重大事项以及国有资本经营预算。首先，从国有企业来看。基于国家所有权属性，政府尽量不要与民争利。如果市场机制确需要利用纳税人钱财创办国有企业，国有企业的非市场性和全民性决定了国有企业的设立、改组、解散等重大事项理应得到全民的代议机构审批。这在西方国家非常普遍。比如美国的田纳西河流域管理局（TVA）、全国铁路客运公司等国有企业都是由国会审批设立。其次，从国有资本经

营预算来看。借鉴国外普遍推行复式预算及国有资本经营预算的经验，全面推行和进一步健全人大审批的国有资本经营预算制度。要求各级国资委建立国有资本经营预算制度，预算方案由同级人大审议并通过，每年向人大报告国有资本的运营情况。无论国有企业的设立还是国有资本经营预算，人大的审批可以起到企业国有资产事前监管的功效。③进一步建立健全人大问责制度。根据《监督法》的规定，人大有权通过询问、质询、特定问题的调查和重大事项的调查等方式进行监督，包括对企业国有资产的监督等。但由于种种因素，人大的这些监督方式并没有得到有效发挥。与此相比，西方发达国家议会的做法值得我国学习与借鉴。比如：美国像TVA等国有企业根据《1993年政府业绩和成效法》（GPRA）规定每个年度都要向国会报告业绩计划，向国会和总统提交财务报告和经营报告；瑞典议会议员有权出席国有控股公司股东大会并发表意见；法国政府经常把国有企业的情况向国会报告，并定期向国会提交国有企业分类名册，国会在特殊情况下有权成立专案调查组对国有企业进行审查；英国议会下议院设有专门的“国有企业特别委员会”，从事有关国有企业的调查研究，并向议会提出相应的政策建议等。因此，我国应当从法律上明确规定人大及其人大代表对企业国有资产进行问责的方式和条件，包括询问、质询、听证、特定问题的调查和重大事项的调查等，通过人大的各专门委员会对政府和国有企业实施法律的情况进行听证、质询、调查、检查等。

除此以外，立法机关基于监管成本等因素考虑，可能会将部分立法监管权授权给政府或其他社会公共管理机构行使。正如费奥里那（Fiorina）认为，监管授权是立法机关逃避监管成本的结果。[①] 在现行的立法体制下，进行授权的立法机关会对这种授权展开有效的监督。[②] 授权立法即是监管授权的典型表现之一，必然存在对授权立法的监督问题。但是，监管授权不能取代立法机关的立法监管权。我国人大的立法监管权也是如此。

---

① Fiorina, M. P., *Legislative Choice: Legal Process or Administrative Process*? Public: Choice 39, 1982, pp. 33 – 66.

② Bishop, “A Theory of Administrative Law”, *Journal of Legal Studies*, Vol. 19, No. 2, 1990, p. 19.

（二）行政监管

所谓行政监管，是指行政机关对企业国有资产实施监管所形成的一系列制度安排。行政监管即是政府监管，也就是狭义上的企业国有资产监管。市场监管从最初意义上也就是从政府角度考虑的，即政府监管。在市场经济社会，行政监管已非传统计划经济体制下的行政管制，而是政府职能市场转型下的产物。

前已述及，设立专职监管部门，同时辅以政府财政部和各主管部门监管的模式，已经成为行政监管的国际发展趋势。典型国家如英国、法国、意大利、瑞典、奥地利、俄罗斯、巴西、韩国、印度等。这种模式的特点在于：专职监管部门作为企业国有资产的出资人，行使国家出资人监管权，同时辅以政府财政部和各主管部门对企业国有资产加以监管。我国也不例外。从我国来看，就中央政府层级而言，国资委作为国务院直属特设机构，行使国家出资人职能的监管权，同时财政部和其他政府职能部门（比如国家预防腐败局、司法部、监察部、审计署、发改委、商务部等）协调配合行使社会公共管理职能的监管权。对于各级地方政府而言，则对应着以国资局为专职监管部门，同时财政部门和其他政府职能部门协调配合监管。当然，根据《企业国有资产法》的规定，国资委并非是企业国有资产的唯一出资人。我国企业国有资产出资人监管除了国资委作为专职监管部门外，还有可能存在其他部门或机构行使企业国有资产的出资人监管权。从我国现阶段来看，由于国有企业市场转型、政府职能的市场转型以及行政机构改革尚未彻底完成，《企业国有资产法》关于出资人的规定是符合现实国情的。

从我国来看，行政监管法律制度设计的前提在于：一是国有企业及企业国有资产的市场转型；二是加快政治体制改革以及相应的行政机构改革，实现政府职能的市场转型，适应“小政府、大社会”的市场需求。只有满足了上述前提，行政监管既不容易越位、错位，也不容易缺位，才会发挥行政监管的最大成效。

1. 行政监管法律制度设计具体内容：

（1）从行政立法权来看。立法权本属于立法机关，但由于立法机关自身的原因以及部分法律法规的特殊性等因素，决定了立法机关往往将部分立法权限授予行政机关或特殊机构行使，即为授权立法。这也是国际发展趋势。从我国来看，国务院有权制定行政法规，国务院各部委、省级政府、省会城市以及国务院批准的较大市政府有权制定行政规章。国务院制定的《暂行条例》和《境外国有资产管理暂行办法》以及原国有资产管理局于1996年9月10日颁布的《企业国有资产产权登记管理办法实施细则》等即是例证。行政机关通过立法将立法机关制定的法律细化或补充，以强化对企业国有资产的监管。

除此以外，行政机关通过行政立法解释或部门规范性文件，起到企业国有资产监管功效。比如司法部、国有资产监督管理委员会、财政部、中国银行业监督管理委员会、劳动和社会保障部（已经撤销）2004年2月颁布的《关于监狱企业实施政策性关闭破产有关问题的通知》就涉及企业国有资产监管问题。

在实践中，需要注意法律法规、规章以及规范性文件、行政立法解释等之间的衔接与协调，避免冲突，否则会影响执法效力。以《企业国有资产法》和《暂行条例》为例，比如《暂行条例》规定企业国有资产出资人是唯一的，而《企业国有资产法》则规定国资委并非是企业国有资产的唯一出资人，还有可能存在经授权的其他出资人。虽然上位法优于下位法、新法优于旧法可以解决此问题，但法律法规和规章之间的衔接和协调是非常必要的，以免造成执法混乱。因此，有必要对此加以修改。

（2）从国资委行使出资人职能来看。最为狭义上的企业国有资产监管就是国资委的监管。一般人所理解的企业国有资产监管即为国资委的监管。这也是关注和讨论最多之处。

关于国资委的设置，历史上曾有诸多争议，主要有四种观点：一是认为国资委应该隶属于全国人民代表大会及其常委会；二是认为国资委应该隶属于国务院；三是认为应该在国务院财政部下设专职的国有资产管理机构；四是认为应在政府各行业主管部门之下分别设置专职的国有资产管理机构。[①] 笔者认为，第四种观点显然是计划经济的产物，不能适应市场经济社会的要求；第三种观点在我国历史上曾经实践过，但不能适应国有资产数量庞大、企业国有资产经营性特点以及监管属性等现实国情。至于第

---

① 朱崇实主编：《经济法》，厦门大学出版社1998年版，第120页。

一种观点和第二种观点，争议最大，如果企业国有资产出资人代表属于人大，则国资委应设置在人大，此时，国资委的出资人监管职能就不属于行政监管，而属于立法监管；如果企业国有资产出资人代表属于国务院，则国资委应设置在国务院。从我国现有法律规定看，采用了第二种观点，即国资委设置在国务院，作为国务院直属特设机构。

国资委代表政府有效行使企业国有资产的出资人监管职能必须具备两个前提：

一是妥善处理好中央国资委与地方各级政府国资部门之间的权限分工。党的十六大报告指出，中央政府代表国家对关系国民经济命脉和国家安全的大型国有企业、基础设施和重要自然资源等履行出资人职责；其他国有资产由地方政府代表国家履行出资人职责。从操作层面上来看，这样的规定似乎有待进一步细化。例如，当涉及国有股权转让的审批权、大型国有企业改制方案的审批权时，中央和地方的权力边界并不清楚。而这一问题直接关系到中央和地方的利益分配问题，也关系到对国有企业监管成败的问题。[①] 为此，需要从法律上界定中央和地方各级国资部门管辖的国有企业及企业国有资产。而这种界定本身是动态的，就存在界定模糊的可能性，从而为中央和地方各级国资部门的权限分工留下了漏洞。因此，对于中国而言，解决此问题的关键在于进行国家所有权改革，实行企业国有资产的分级所有。对于国有企业及企业国有资产很少的较小国家则另当别论。

二是妥善处理好国资委的出资人职能与政府的社会公共管理职能的分离。从《企业国有资产法》和《暂行条例》等规定来看，尽管国家政策及立法意图尽可能实现政府的企业国有资产所有者职能与社会公共管理职能分离，但国资委的职能定位仍比较模糊，国资委并未完全充当干净的出资人角色，仍行使了部分政府社会公共管理职能。国资委一方面是出资人，另一方面又是监管者，二者身份对立，必然出现目标对立。[②] 因此，国资委职能需要从立法上进一步明确界定。国资委应当充当政府出资人职

① 沈志渔、林卫凌：《国有资产监管体制变迁及目标模式》，《新视野》2005 年第 1 期。

② 郭复初等：《完善国有资产管理体制问题研究》，西南财经大学出版社 2008 年版，第 19 页。

能所涉及的监管职能，而不是政府社会公共管理职能所涉及的监管职能。否则国资委必然与政府其他职能部门发生错位、越位等现象。也正因为如此，国资委不是一般意义上的政府职能部门，而是国务院直属特设机构。也只有如此，国资委才能代表政府有效履行企业国有资产的出资人职责，也才能更好地衔接国资委与政府公共管理部门的职能关系。

根据《企业国有资产法》和《暂行条例》等规定，国资委作为企业国有资产的出资人，对国家出资企业依法享有资产收益、参与重大决策和选择管理者等出资人权利。虽然国资委是行政机构，但国资委行使的上述权利应当与国家出资企业的其他股东一样，属于同样性质的股东权利。国资委与其他股东的区别主要在于它是代表政府行使企业国有资产出资人职能的特设机构。因此，国资委行使出资人权利时，除了要遵守《企业国有资产法》等法律法规外，还要遵守《公司法》等企业法相关规定。当然，国家所有权的属性决定了国资委作为出资人机构在特定情况下具有一定的特殊性，而有别于其他普通股东，比如黄金股制度等。此即体现了国家所有权的公权属性。但这种特殊性应当借鉴国外做法，通过法律予以明确规定，以免损害其他股东的权益。而我国恰恰存在此方面的缺陷，从而导致国资委作为出资人机构理应享有的一定特殊性被泛行政化，而失去了本应享有的股东“特殊性”功效，既损害了其他普通股东的权益，也混淆了出资人职能定位，其结果是国资委应有的监管功能并没有得到充分发挥。因此，对于国资委作为出资人机构在特定情况下的股东特殊性应当通过立法加以明确规定。

《企业国有资产法》关于出资人权利充分考虑到了《公司法》关于股东权利的相关规定。根据《企业国有资产法》《公司法》等相关法律法规和企业章程的规定，国资委应当避免直接通过行政命令的手段行使权力，而是通过行使出资人权利，实现对企业国有资产的监管。比如国资委的产权登记从行政登记向出资人登记的转变等。

2. 国资委如何实现对企业国有资产的监管

（1）加强对国家出资企业的企业管理者的选择与考核。一是国资委有权任免国有独资企业的经理、副经理、财务负责人和其他高级管理人员；有权任免国有独资公司的董事长、副董事长、董事、监事会主席和监事；向国有资本控股公司、国有资本参股公司的股东会、股东大会提出董事、监事人选。[①] 二是国资委加强对企业管理者兼职问题的监管，包括竞业禁止和其他禁止兼职情形。三是国资委负责企业管理者的业绩考核。从国外来看，比如法国通过国家参股局对国有和国有控股公司的董事会实施考核和制定薪酬制度；芬兰不仅对国有和国有控股公司的董事会，还对经理层等实施考核和制定薪酬制度等。从我国来看，虽然我国 2010 年 1 月 1 日修订实施了《中央企业负责人经营业绩考核暂行办法》，但对于国企管理者而言，仍存在一定的行政色彩。

对国有资产监管运营机构进行考核、激励、约束和监督是国有资产管理体制中的重要环节。新加坡、芬兰和瑞典等国有资产监管运营成功的国家，对国有资产监管运营机构都实行契约化管理，设定权责划分、工作目标和业绩考核，并给予相应的激励与约束。而当前国资委除原则性的保值增值责任外，没有具体的业绩指标及相应的激励约束措施，不利于充分调动各方面的主观能动性和内在潜能。[②] 我国应当借鉴国外做法，对国企管理者取消行政级别及相应的行政任命，纳入职业经理人范畴，无论对董事会还是经理层，建立科学的企业管理者业绩考核、薪酬、奖惩制度以及任期经济责任审计制度等。

（2）加强对国家出资企业重大事项的监管。何谓企业重大事项？我国《企业国有资产法》第 30 条对此做了规定，涉及国家出资企业合并、分立、改制、上市、增加或减少注册资本、发行债券、进行重大投资、为他人提供大额担保、转让重大财产、进行大额捐赠、分配利润、解散和申请破产等均为重大事项。而这些事项直接关系到国有资产的保值增值问题。依据《公司法》的规定，上述事项也属于股东权利。因此，国资委有权行使上述股东权利，也只有有效行使股东权利，才能更好地加强企业国有资产的监管，其中尤其要加强关联交易、企业改制、资产转让与评估

---

① 早期，我国借鉴法国的做法，也是为了适应当时政府机构改革需要，采取稽查特派员制度，现改为外派监事会制度。

② 戴军、张广玲：《国有资产监管体制市场化改革路径研究——以淡马锡模式的本土化创新为例》，《天津大学学报》（社会科学版）2015 年第 3 期。

等方面的权利行使及其监管。[①] 但从目前来看，国资委对国家出资企业重大事项的监管存在诸多漏洞。以河北省为例，大量国有企业游离在国资委监管之外，在省级层面上，仍有443户国有企业的近百亿元国有资产尚未纳入省国资委监管，监管缺位的问题十分突出。[②] 河北省敢于自报家丑，由此窥见全国之一斑。再以国有产权交易为例，我国目前普遍存在着国有产权关联交易、过场交易、人为干预产权交易评估价格、审核人员自由裁量权过大、缺乏责任追究制度以及产权交易品种单一等问题。因此，国资委对国有产权交易监管应当做好如下几点：①规范国资委审核流程、审核标准，压缩国资委审核人员的自由裁量权；②各地产权交易机构与当地政府部门以及国资委协调，扩大产权交易品种，比如林权、矿权、排污权、土地使用权等；③强化政府问责，建立严格的责任追究制度，通过违法成本的提高，以遏制产权交易的腐败；④加强信息化监管体系建设，使产权监管从事后监管向事前、事中和事后的全过程监管的转变；⑤规范国资委权力，正确处理国资委与社会中介机构的关系，加强产权交易机构和资产评估机构的建设，保障其独立性、中立性和自治性，为其创造良好的制度环境。有条件的地区，建立统一的产权交易市场，比如西南联交所等。

（3）加强对国家出资企业的国有资本经营预算管理。根据2007年发布的《国务院关于试行国有资本经营预算的意见》，国有资本经营预算是指国家以所有者身份依法取得国有资本收益，并对所得收益进行分配而发生的各项收支预算，是政府预算的重要组成部分。其实，早在1993年我国就提出了国有资产经营预算的要求，1995年《预算法》明确规定了复式预算及国有资产经营预算制度，[③] 但直到2007年才开始实行国有资本经营预算试点。然而，长期以来，由于政治体制以及国企改制等因素，我

---

① 处于社会转型时期的中国，国企改制、资产转让和评估等非常频繁，而且国企特性决定了也容易产生关联交易等现象，这些方面也最容易成为国有资产流失的漏洞，理应对此加强监管。

② 河北省国资委：《依法科学监管，推进国有产权管理跃上新台阶》，《国有资产管理》2010年第5期。

③ 当时叫“国有资产经营预算”，2003年开始改为“国有资本经营预算”这种更为科学的说法。

国国有资本经营预算制度仍处于试行阶段，尚未正式推广，目前仍存在诸多缺陷与不足，比如：纳入国有资本经营预算范围较小，除中央直管企业和烟草、邮政企业外，其他中央部门管理的国有企业和地方管理的国有企业也要纳入预算管理范围；[①] 要合理调整中央企业国有资本收益上缴比例；国有资本经营预算基本上是自我封闭运行，支出范围狭窄（主要限于本级国有企业）等。虽然，我国制定了《中央企业国有资本收益收取管理暂行办法》和《中央国有资本经营预算编报试行办法》等，但我国还需要进一步从立法上完善国有资本经营预算制度。对于国资委而言，就是向财政部提出国有资本经营预算建议草案，并加强国有资本经营预算的执行和管理，这是国资委行使股东股利分配请求权、剩余财产分配请求权等权利的重要体现。通过国有资本经营预算制度，可以真正落实国有企业出资人的收益权，这是保证出资人有效履行出资人职责的重要前提。

（4）加强对国家出资企业的信息披露制度建设。根据我国《公司法》第98条的规定，股东有权查阅公司章程、股东名册、公司债券存根、股东大会会议记录、董事会会议决议、监事会会议决议、财务会计报告，对公司的经营提出建议和质询等。国资委作为出资人机构，理应以股东的身份享有上述知情权（information rights），借鉴国际经验，建立健全国家出资企业的强制信息披露制度，以此强化对企业国有资产的监管。从国外来看，法国、芬兰、日本等国均要求国有企业遵守国际会计准则，建立规范的信息披露制度，其财务会计报告需经社会中介机构审计。比如：法国国家参股局建立了月度报表制度和定期会晤制度；芬兰要求国有企业公布其财务会计报告等；[②] 新加坡政府对淡马锡等国有公司通过直接派人参加董事会、通过财务报告和项目审批制度、对公司重大决策以及不定期派人到公司或其子公司调查了解情况等加以监管。以上国家的做法都值得我国学习与借鉴。

（5）加强国资委对国家出资企业的诉讼权构建。根据我国《公司法》

---

① 目前，仅有部分省区试行国有资本经营预算制度，尚未在全国各地全面推广。

② 参见王冀宁、朱玲《美英法德日芬的国有资产管理体制的国际比较》，《求索》2007年第6期。

第20条和第153条的规定，如果公司股东滥用股东权利侵害了其他股东的利益，被侵害的股东可以依法提起民事诉讼请求损害赔偿；如果公司董事、高级管理人员违反法律、行政法规或者公司章程的规定，损害股东利益的，股东可以向法院提起诉讼。[①] 国资委作为出资人机构，应当避免通过行政手段解决股东和企业管理者的纷争问题，而理应通过行使股东的诉讼权加强对企业国有资产的监管。股东诉讼包括股东的直接诉讼和股东的派生诉讼。鉴于国资委和企业国有资产的属性，国资委行使股东的诉讼权，更多地具有公益诉讼性质。因此，国资委诉讼权的构建需要借鉴发达国家的经验，建立健全我国的公益诉讼制度。

3. 从政府其他职能部门行使社会公共管理职能来看

首先，从财政部来看。很多国家一般由财政部充当企业国有资产的出资人角色，比如法国、德国、新加坡、日本等，通常也是由财政部编制国有资本经营预算，比如法国财政部下属的国家参股局还要参与国有企业年度预算的论证，并对年度财务决算进行审批。[②] 但在我国，则由作为国务院直属特设机构的国资委充当企业国有资产的出资人角色。然而，到底由谁负责编制国有资本经营预算？财政部和国资委一直存在争论。根据我国现行《企业国有资产法》的规定，充当出资人角色的国资委无权编制国有资本经营预算，国资委只负责国有资本经营预算建议草案，财政部负责国有资本经营预算的编制，人大负责审批。由此产生了国资委与财政部在国有资本经营预算方面的摩擦问题，从而一定程度地影响到国有资本经营预算制度的功效，并影响到财政部通过编制国有资本经营预算以起到对国资委和企业国有资产的监管效果。前已述及，我国需要从立法上进一步健全和完善国有资本经营预算制度。

其次，从审计署来看。一方面加强对国有企业的直接审计监督，包括对国有企业主要管理者的任期经济责任审计、企业经营业绩审计、企业重大事项等方面的审计。由国家审计机关负责对国有企业进行审计几乎是国际惯例，审计部门在国有资产的监督方面具有重要的职责。例如，加拿大审计长公署作为议会的机构，按照《审计长法》《财务管理法》以及其他

---

① 施天涛：《公司法论》（第2版），法律出版社2006年版，第253页。

② 王冀宁、朱玲：《美英法德日芬的国有资产管理体制的国际比较》，《求索》2007年第6期。

法律的规定，不仅要对皇家公司开展财务审计，还要对皇家公司开展绩效审计，调查皇家公司建立的制度和经营管理的做法，是否能够为保护资产和经济有效的管理、经营提供保证；美国政府或美国总审计署往往委托民间审计机构对国有企业进行财务审计，来掌握国有企业的经营和财务状况。[①] 法国则通过建立专门的国家审计法院，加强对国有企业的财务事项审查。[②] 另一方面加强对国有资本经营预算执行情况的审计以及对国资委的审计监督。审计部门通过对国资委制定的规章制度是否科学性和有效性，国资委是否依照《公司法》等法律法规履行出资人职责，是否通过法定程序对企业负责人进行任免、考核并根据经营业绩进行奖惩，是否对所管国有资产的保值增值情况进行监督等一系列工作进行审计，并将审计结果上报各级人大机关。当然，国家审计部门能否有效发挥审计监督，还需要加强审计部门独立性的机构改革。

再次，从政府其他职能部门来看。国家预防腐败局、监察部、司法部、发改委、商务部、税务部门、物价部门、统计部门、国家工商部门、国家质检部门等通过各自行使的职能，对涉及国有股权、国有企业以及企业国有资产等所进行的执法检查监督，以及对违法行为所实施的行政制裁权、行政强制执行权和行政裁判权等方式，加强对企业国有资产的监管。比如：国家预防腐败局、监察部对国有企业及其负责人的监督检查、司法部对涉及企业国有资产的普法工作、发改委对国有企业的项目审批、商务部对涉及国有企业的反垄断案件的审查、税务部门对国有企业的税收征管、物价部门对国有企业的产品或服务的价格调控与规制、统计部门对国有企业及相关产业的数据统计、国家工商部门对国有企业的注册登记、国家质检部门对国有企业产品质量的审查和检验等，均会不同程度地从不同角度发挥企业国有资产监管的功效。

最后，要加强国资委和政府其他职能部门之间的协调与配合。以北京市国资委为例，比如在建立健全城市公用企业的国资监管与社会公共管理联动机制方面，市发改委、财政局及相关行业主管部门（如交通委、市

---

① 欧阳淞：《国外国有资产监管法治化的基本经验及启示》，2007 年 11 月 2 日，新华网（http：//news. xinhuanet. com/newscenter/2007 - 11/02/content_6996988. htm）。

② 法国的国家审计法院不同于普通法院，其职能类似于我国的国家审计署。

政市容委、市水务局等）负责研究建立公共产品价格补偿机制，并探索建立公共财政购买公共服务机制，市国资委根据政府的要求，对公用企业实施分类监管和考核，指导企业为社会提供优质的公共产品。[①] 除了政府职能部门之间常规性工作的协调与配合外，主要还有如下特殊性的协调与配合：一是从我国目前来看，企业国有资产由国资委行使出资人职能，行政事业性国有资产由财政部行使出资人职能，而资源性国有资产则由相关职能部门行使出资人职能，而企业国有资产与其他国有资产并非绝对的分野，常发生相互转换的可能性。因此，需要国资委与财政部、国土资源部等相关职能部门的协调与配合，避免监管漏洞。二是还要加强国资委与证监会、保监会、银监会、电监会等独立监管机构在涉及企业国有资产监管方面的协调与配合。对于涉及企业国有资产监管方面，国资委行使的是出资人监管职能，而那些独立监管机构行使的是特殊行业的行业监管职能，二者从不同角度共同担当监管重任。比如：证监会对国有资产上市运营进行监督，国资委通过行使出资人的股东权利对国有资产进行监督。三是国资委与财政部、审计部门在国有资本经营预算方面的协调与配合。国资委负责国有资本经营预算建议草案的制定，财政部负责编制国有资本经营预算，报请人大审批，审批后由国资委统一组织国有资本经营预算资金的拨付和管理，审计部门负责对国有资本经营预算执行情况进行审计监督等。当然，依市场经济及其相应的政府职能要求，这种协调机制具有效应递减性，是特定历史时期的产物。随着市场经济的健全与成熟，政府职能的市场转型到位，法治化政府的构建，现代监管制度的形成，政府不同职能部门之间以及与独立监管机构之间相互协调的需要将会越来越弱。

（三）司法监管

所谓司法监管，是指司法机关对企业国有资产实施监管所形成的一系列制度安排。具体而言，司法监管从我国来看，是指法院在行使审判职能和检察院在行使检察监督职能时，对涉及企业国有资产案件所收到的监管效果而间接形成的一系列制度安排。在监管理论和实务中，很少有人提及

---

① 北京市国资委、中国政法大学课题组：《进一步完善北京市国资监管模式的对策建议》，《国有资产管理》2010 年第 4 期。

司法监管，因为在法治社会，司法常常是社会正义的最后一道防线，被视为理所当然的事情。企业国有资产监管也不例外。但如果从司法监管的高度去设计企业国有资产监管制度，往往会收到事半功倍的效果。司法监管更多地属于事后监管，但如果最高人民法院（以下简称最高院）和最高人民检察院（以下简称最高检）涉及企业国有资产的司法解释，或许具有事前监管或事中监管的可能性。

在一个市场经济尚未健全、政府职能尚未彻底转型的社会，无从谈起监管，也无从谈起司法监管。如果国有企业及企业国有资产尚未完全实现市场转型，存在着过多的企业国有资产；如果政府职能尚未转型到位，存在着许多不必要的行政干预；如果司法独立性不够，存在着诸多干预司法的因素，那么从司法的角度专门设计包括企业国有资产监管在内的所有监管制度是不现实的。因此，司法监管制度的设计必须具备如下几个前提：①建立健全市场经济体制，实现国有企业及企业国有资产的市场转型；②加快行政机构改革，实现政府职能的市场转型；③加快政治体制改革，实现权力分工和相互制衡的机构设置，保障司法独立。

无论从我国《企业国有资产法》等相关法律法规来看，还是从最高院和最高检的有关工作制度来看，均没有涉及司法对企业国有资产监管的专项规定。这也是其他诸多监管制度的现状。在未来需要修订的《企业国有资产法》或统一的《国有资产法》或单行的《企业国有资产监管法》中，理应对司法监管加以明确规定，并应当从最高院和最高检的相关工作制度中予以规定，这应当成为未来包括企业国有资产监管在内的所有监管制度的发展趋势。

根据司法权的属性决定司法监管权的原理，具体来说，司法监管法律制度设计具体包括如下几个方面：

1. 建立违宪审查程序，加强企业国有资产监管

从企业国有资产的国家所有权属性以及未来国有资产法治化路径依赖来看，涉及企业国有资产的案件不单是普通的民事、行政或刑事案件，还有可能涉及违宪案件，比如：国有企业的设立、重组、改制或国有资本经营预算等未经人大审批等，即属于违宪案件，理应通过违宪审查程序解决。但问题是，现有的法院和检察院难以胜任此项工作，而我国又缺乏违宪审查程序，从而导致违宪案件的空白，某种程度上也进一步助长了

国有资产的流失。因此，在人大实施宪法监督的基础上，不要说从其他方面，即使从国有资产方面来看，我国也有必要建立违宪审查程序。而且，在人大自身应有地位尚未充分体现的情况下，我国更有必要、也迫切需要建立违宪审查程序。

从国际来看，由普通的最高法院或是设立专门的宪法法院（或宪法委员会）来监督宪法的实施是宪法监督最普遍的形式。由普通法院作为宪法的守卫士最早起源于1803年美国最高法院对马伯里诉麦迪逊案件的处理。[①] 但设立专门的宪法法院或宪法委员会进行违宪审查已经成为发展潮流。从我国来看，现阶段可以从立法上赋予最高法院违宪审查的权限，但从长远来看，有必要建立专门的宪法法院或宪法委员会，既是我国宪法实施监督及其民主法治的要求，也是适应企业国有资产涉及违宪案件审查的需要，从而从宪政的高度加强企业国有资产监管。

2. 通过最高院和最高检的审判权和检察监督权的行使，实现企业国有资产的监管

具体又包括如下几个方面：①最高院和最高检在处理涉及国有企业以及企业国有资产案件过程中，通过司法解释加以监管。比如最高院于2002年12月通过的《最高人民法院关于审理与企业改制相关的民事纠纷案件若干问题的规定》；最高院于2005年7月通过的《最高人民法院关于如何认定国有控股、参股股份有限公司中的国有公司、企业人员的解释》；最高检于1999年10月颁布的《最高人民检察院关于认真贯彻党的十五届四中全会精神为国有企业改革和发展服务的意见》；2001年7月18日实施的《最高人民检察院、中共中央企业工作委员会、国家经济贸易委员会关于共同做好国有企业中贪污贿赂犯罪预防工作的通知》；2010年5月18日发布的《最高人民检察院、公安部关于公安机关管辖的刑事案件立案追诉标准的规定（二）》规定，徇私舞弊低价折股、出售国有资产造成国家直接经济损失数额在三十万元以上的，应予立案追诉等。②法院和检察院通过对涉及国有企业以及企业国有资产的违法犯罪行为案件的审理加以监管，以避免国有资产流失。对此，检察院反贪局尤其要担当起重要责任。③法院和检察院通过对涉及国有企业以及企业国有资产的违法犯

---

① 许崇德主编：《宪法》，中国人民大学出版社1999年版，第40页。

罪行为案件的审理，向立法机关和行政机关等有关部门提出司法建议加以监管。

3. 建立健全公益诉讼制度，加强企业国有资产监管

企业国有资产的国家所有权属性决定了涉及企业国有资产的案件更多地具有公益诉讼的性质。虽然，我国传统诉讼制度中也存有公益诉讼制度，比如刑事公诉制度等，但我国公益诉讼制度远不及发达国家。虽然设立了出资人代表机构，但由于企业国有资产的国家所有权属性，人性自私的一面决定了出资人代表机构缺乏利益驱动机制寻求诉讼救济，从而助长了国有资产的流失。因此，涉及企业国有资产的案件，尤其要建立公益诉讼制度。具体的做法就是：在现有的三大诉讼制度以及前已述及的违宪审查程序的基础上，建立健全民事公益诉讼制度、行政公益诉讼制度和刑事公益诉讼制度。对此，一方面，要扩大原告主体资格的范围。比如：涉及国有资产侵权案件，可以扩大到有关国家机关（如检察机关、国资部门等）、法人团体和公民个人均可提出侵权的民事诉讼。另一方面，通过当事人和律师的利益激励机制，如原告诉讼成本的补偿、原告胜诉的奖励制度和律师胜诉取酬制度等，来激发法人团体和公民个人起诉的积极性。[①]

二　企业监管法律制度设计

（一）出资人制度

企业国有资产是通过国有独资企业、国有独资公司、国有控股公司和国有参股公司等企业形式产生的，相应地，企业国有资产的出资人制度存在差异。对于国有独资企业和国有独资公司而言，不设股东会，由国家授权投资机构行使股东会职权，或授权公司董事会行使股东会的部分职权。根据《公司法》第 67 条的规定，国有独资公司不设股东会，由国有资产监督管理机构行使股东会职权。国有资产监督管理机构可以授权公司董事会行使股东会的部分职权。对于国有控股公司和国有参股公司而言，企业国有资产的出资人代表机构则通过股东（大）会行使股东权利。

对于国有独资企业、国有独资公司、国有控股公司和国有参股公司的

① 李昌庚：《回归自然的经济法原理》，知识产权出版社 2010 年版，第 249 页。

企业国有资产出资人代表机构而言，根据《企业国有资产法》和《暂行条例》等的规定，国资委作为企业国有资产的出资人，对国家出资企业依法享有资产收益、参与重大决策和选择管理者等出资人权利。国资委行使出资人权利时，除了要遵守《企业国有资产法》等法律法规外，还要遵守《公司法》等企业法相关规定。鉴于国资委是国务院直属特设行政机构，国资委行使股东权利的监管已经纳入国家监管范畴。也正因为国资委行使股东权利的公权属性，很容易使国资委的股东权利泛行政化，产生对企业不当行政干预的行为，而且也很容易损害其他股东权益。如何有效解决此问题，则涉及企业股权结构的设计和调整，而这属于企业监管范畴。

自国资委设立以来，国资委作为出资人代表机构经营管理国有企业的模式目前主要有三种模式：一是国资委成立一些国有资产经营控股公司，比如诚通集团和国家开发投资公司等，由控股公司对一些国有股权进行管理和投融资；二是国资委直接控股一些大型国企，中间不存在一个集团公司，而是由国资委直接行使国有企业或国家参股企业股权；三是建立一个国有资产经营管理中心，由国资委出资成立，规避了国资委的政府身份直接持有企业资产。第一种模式有助于避免国资委直接经营管理国有企业所形成的不当行政干预行为，也有助于避免在国资委直接统一充当出资人角色时所形成的变相关联交易。这种模式也是世界各国普遍采用的模式，比如奥地利、意大利、法国和新加坡等。新加坡的淡马锡公司就是典型案例。第二种模式容易助长不当行政干预行为，也容易产生国家主导下的整体变相关联交易，而且面对庞大的企业国有资产现状，也加剧了国资委行使出资人权利的难度。第三种模式虽然避免了国资委直接经营管理国有企业所形成的不当行政干预行为，但不能避免一定区域内变相关联交易行为，而且国有资产经营管理中心也难以胜任我国庞大的企业国有资产现状，同时国有资产经营管理中心也摆脱不了行政机构色彩。

为了更好地保障企业国有资产的出资人代表机构有效行使股东权利，既实现国资委的监管功能，又尽可能促使政企分开、完善企业治理机构，建立较为科学的现代企业制度，则企业国有资产的出资人制度应当做好如下两点：

（1）在我国已有实践经验的基础上，借鉴国外企业国有资产经营管理的有益经验，即国资委下设若干个国有资产经营控股公司或类似公司，再由这些公司持有从事具体企业经营的国有企业和国有参股企业的国有股权，形成国资委—国有资产管理公司—国有经营企业的三层次运营模式，从而把国资委与国家出资企业加以隔离，尽可能降低行政干预，实现政企分开，建立健全企业治理结构。虽然国资委与国有资产管理公司之间看似也容易产生变相的关联交易行为，但国有资产管理公司不是具体从事企业经营的国家出资企业，从而把关联交易的负面影响降低到最低限度，这也是国家出资企业在最终产权归属上所无法避免的现象。

同时，我们可以在国有资产管理公司选择方面加以改进，尽可能使国有资产管理公司多元化，并引入竞争机制进行优化选择和配置，从而更好地实现政企分开、建立健全企业内部治理结构等。比如有学者建议借鉴我国社保基金委托基金管理公司进行资本运作的经验，国资委可将一部分股权委托基金管理公司运营；并建议对于国资委履行出资人职责的某些非上市公司的国有资本，采取招标的办法从现有的国家出资的投资公司、资产经营公司或国家出资企业集团的财务公司中择优选择中介经营机构，通过签订委托经营协议书实行委托经营。①

但在实践中，这种运营模式在涉及国有经营企业时，普遍存在着国有经营企业旗下过多的母子公司层级。由于产权激励机制的弱化、信息不对称以及委托代理成本的加剧等因素，导致集团公司容易出现“空壳化”以及集团旗下企业的“内部人控制”现象，助长了国有资产流失。因此，我国出资人制度在推广这种运营模式时，要尽可能减少国有经营企业旗下的产权委托代理链，减少母子公司层级，以提高国家出资人的股东制衡力量。

（2）由于国资委统一持股，决定了国资委“一股独大”的现实，必然导致国家出资企业尤其是国有企业容易产生企业治理结构的缺陷，容易滋生变相关联交易、“内部人控制”以及地方保护主义等问题。为了解决上述问题，可以推行国有资本出资人交叉持股的做法。一方面，推行中央与地方国资委、不同地方的国资委对国有资产管理公司进行交叉持股；另

---

① 郭复初、傅海波、周春梅、任兴文：《完善国有资产管理体制任重而道远》，《国有资产管理》2010年第4期。

一方面，推行中央与地方以及不同地方的国有资产管理公司对国家出资企业进行交叉持股。在国家拥有股权的限度内，尽可能实现国有股权的多元化，有助于形成中央与地方之间、不同地方之间股东利益制衡机制，改善企业治理结构。

对于国有控股公司和国有参股公司而言，除了国家股东外，还有其他股东。从目前来看，我国许多国有控股公司依然存在着不需要存在的国有股“一股独大”现象。[①] 截至2010年5月，北京市国资委监管一级企业控股的25家上市公司，除北辰实业、京能热电、北人股份、京投银泰4家上市公司的第二大股东持股比例较大，属于股东型投资人外，其余21家上市公司的第二大股东均属于“搭便车”的收益型投资人。这势必导致公司治理缺失，“内部人控制”严重。[②] 因此，加快股权结构改革，尽可能实现股权多元化和股东持股比例的合理化，这是完善公司治理结构的前提。此外，无论国家股东还是其他股东均应当依据《企业国有资产法》《公司法》等相关法律法规，通过股东（大）会行使股东权利。对此，借鉴国外发达国家的有益经验，即国家股东在公司内部与普通股东一样，行使同样的股东权利，我国要从立法和实践上进一步避免国家股东利用行政手段不当行使股东权利，损害普通股东权益。通过股东（大）会形成股东之间的利益制衡机制，有助于股东（大）会决议的科学性，并以此形成相对理性的董事会。对于国有上市公司，除了股东在股东（大）会上“用手投票”外，股东还可以充分利用证券市场机制“用脚投票”，以达到对国有股东的制衡，形成相对有效的企业治理结构，实现企业国有资产的监管功能。

此外，我国还需从立法上完善企业国有资产出资人制度，以构建更为科学的企业治理结构。首先，国家所有权的属性决定了国资委作为出资人机构在特定情况下具有一定的特殊性，而有别于其他普通股东，比如黄金股制度等。此即体现了国家所有权的公权属性。但这种特殊性应当借鉴国外做法，通过法律予以明确规定，以免损害其他股东的权益。其次，对于

---

① 对于有些产业领域，确需国有控股的公司则另当别论。

② 李先忠：《国企监事会职能向国有控股上市公司延伸的问题》，《国有资产管理》2010年第5期。

国有独资企业，凡是能够进行公司化改制的要尽可能改制，但对于不能改制或一时难以改制的国有独资企业，现有的《全民所有制工业企业法》等相关法律法规确难以适应，因此有必要加以修改或重新立法予以规范。再次，出资人要提升自身能力，OECD 于 2005 年发布、并于 2015 年重新修订的《中国有企业公司治理指引》强调，出资人机构应该具备有效履职资质和能力，统一对国有企业进行标准化管理，实行政府出资人监管职能和社会公共管理职能彻底分开，集中统一行使所有权，可以发挥专业出资人的集聚效应，从而提升管理效力，强化问责，提高企业经营业绩。[①] 然后，我国在条件成熟时，需要进一步修改《公司法》，以进一步适应国有控股公司和国家参股公司。最后，如果将来实现中央与地方国资委、不同地方国资委对国家出资企业的交叉持股，则不是现有的国有独资公司和国有独资企业所涵盖的，也不同于国有控股公司或国有参股公司，理应由相应的专门立法加以规范。

（二）董事会制度

国有独资公司、国有控股公司和国有参股公司均设立董事会制度。对于国有独资公司而言，公司董事会由履行企业国有资产出资人职责的机构国资委或授权机构依据《企业国有资产法》和《公司法》等相关法律法规直接任免。但对于国有控股公司和国有参股公司而言，则由履行企业国有资产出资人职责的机构国资委或授权机构依据《企业国有资产法》和《公司法》等相关法律法规向股东（大）会提出董事人选，由股东（大）会选举产生。董事会对股东（大）会负责。国有独资企业不设立董事会制度，但在条件成熟时，宜进行公司化改制，建立董事会制度。

前已述及，我国国家出资企业尤其是国有企业董事会及其董事产生和组成往往超越了股东（大）会的职权，或使股东（大）会流于形式，常以行政命令等手段任免董事人选，甚至在许多国有企业及高级管理人员当中依然保留着行政级别，董事的独立性不强。比如云南红塔集团原总裁褚时健“落马”时，曾经担任中共云南省委组织部副部长的柳万东直接担任云南红塔集团的董事长等。即使外部董事及独立董事往往在我国成为点

---

① 彭华岗：《国有企业改革前景及治理模式》，《经济导刊》2017 年第 1 期。

缀的“花瓶”，而流于形式。在国有企业中，董事会成员构成内部董事和外部董事的比例分别为 68.9% 和 31.1%，比例倒挂的现象十分突出。[①] 这种做法既损害了股东的权益，也不利于企业治理结构的完善，很容易滋生“内部人控制”现象，决策失误的频率加重，容易加剧企业国有资产流失。

为此，我国国家出资企业董事会制度建设应当在立足国情的基础上，适当借鉴国外一些国家的经验，做好如下几点：

（1）在2010年全国“两会”期间温家宝总理政府工作报告中，提出废除高校行政化，毫无保留地取消企业行政级别，进一步实现政企分开，处理好党委会和董事会关系。党委会处理企业党务工作，通过党组织向出资人机构建议推荐董事人选，既不能超越甚至取代出资人机构职权，也不能超越甚至取代董事会职权。党委会要超脱于所有者、经营者和工会等之外。[②] 这一切要取决于深层次的政治体制改革。

（2）聘请商界精英，完善董事会组成。对此，国外有许多成功经验值得我们学习和借鉴。比如新加坡淡马锡公司董事会很多成员均是商界精英，还鼓励在海外网罗精英人士担任公司董事等，旗下的发展银行、海星轮船、新航等均如此。再比如美国的外部董事及独立董事制度非常发达。又如法国董事会实行“三方代表制”原则，即国家代表、职工代表、专家代表，各占1/3。为做好董事会的提名工作，国家参股局按照职业化的原则建立了董事人才库。又如芬兰国有和国有控股公司的董事都是从社会上选派或提名代表进入董事会的，可以是专职董事，也可以是兼职独立董事。[③] 对于我国而言，一是要规范出资人机构任免或推荐董事人选的程序，减少不必要的行政程序，强化董事人选提名的市场程序和董事任免的国家监管程序。可以借鉴美国田纳西河流域管理局（TVA）董事会成员由总统提名、参议院批准等的做法，我国出资人机构对关系国家经济命脉的国家出资企业任免或推荐董事人选首先通过职业经理人市场网罗商界精

---

① 张敏捷：《国有企业公司治理之研究——完善国有资产监管机制和优化国有企业公司治理结构》，《经济体制改革》2013 年第 6 期。

② 李维安等：《现代公司治理研究》，中国人民大学出版社 2002 年版，第 256 页。

③ 王冀宁、朱玲：《美英法德日芬的国有资产管理体制的国际比较》，《求索》2007 年第 6 期。

英，然后报请国务院，由人民代议机构全国人大常委会批准。通过企业国有资产的董事代表加强企业治理机构，以此强化企业国有资产监管。二是要推行外部董事及独立董事制度，拓宽外部董事及独立董事的选择渠道，提高董事素质，明确其职责权限，提高其履责能力，加强对其的考核评价。三是健全职工董事制度，国家出资企业中应当有职工代表出任的董事，依照有关法律、行政法规的规定由职工民主选举产生。对此，一方面要完善职代会制度，另一方面要提高职工董事素质，并完善职工董事履责的制度保障。德国在这方面的经验尤其值得我们学习和借鉴。

（3）借鉴美国等国家董事会中各专门委员会的做法和经验，加强董事会专门委员会建设。在国外尤其是美国，董事会一般包括执行委员会、审计委员会、提名委员会、报酬委员会和公共政策委员会等。我国国家出资企业也要建立健全董事会专门委员会，比如决策委员会、执行委员会、审计委员会、提名委员会、薪酬委员会等，尤其要通过审计委员会强化对企业的监督，以配合企业监事会。同时，要细化各专门委员会的职权、职责及其履责程序，强化董事会的决策支持体系。

（4）完善董事会职权。董事会严格履行决策、选择经营者和享受投资收益的权利；如果投资规模超越经理层的权限，必须交由董事会批准，批准权限都应当有相应的明确规定。要注意董事会与出资人机构或股东（大）会、经理层和监事会等职能机构的权力制衡与协调配合，避免董事会被出资人机构或经理层架空，形成以国有资产为名而达到“内部人控制”，从而蚕食国有资产。

（三）经理层制度

经理层不是单纯的职位称呼，而是公司日常经营管理机构。经理层有广义和狭义之说。狭义理解，经理层仅指经理和副经理；广义理解，经理层包括经理、副经理以及“四总”（即总会计师、总经济师、总工程师和总法律顾问）。经理在当今社会常被称为“总经理”“总裁”或“首席执行官（CEO）”等，但其日常经营管理机构的性质并没有改变。

对于国有独资企业而言，由履行企业国有资产出资人职责的机构国资委或授权机构依据《企业国有资产法》等相关法律法规直接任免经理层。对于国有独资公司、国有控股公司和国有参股公司而言，则由公司董事会依据《企业国有资产法》《公司法》等相关法律法规聘请经理层。经理层对董事会负责。

从我国目前来看，由于国有企业受制于体制性障碍等因素，行政型治理模式依然表现明显。很多国家出资企业经理层依然保持着行政级别，党委会“党管干部”原则与董事会聘任经理层常存在冲突，董事长、总经理“一肩挑”的现象时常存在，甚至存在董事长、党委书记和总经理“一肩挑”的现象，“四总”制度在许多国有企业尚未建立健全等。因此，在国有企业，“所有者缺位”和“内部人控制”现象尤其严重，董事会和监事会对经理层的制约常形同虚设，经理层的业绩考核和法律约束随意性大。在缺乏有效约束的情况下，不少国有企业的经营者肆意挥霍、侵吞国有资产。①

从国外尤其是西方发达国家来看，国有企业普遍实行的是董事会领导下的经理负责制。比如美国、英国、法国、德国、芬兰、日本等。虽然国有企业基于国家所有权属性也存在着行政化色彩，但由于西方国家市场经济体制比较健全和民主法治化水平较高，企业的市场化程度较高，职业经理人市场比较发达，即使政府委派或推荐的经理人选也是通过市场机制产生的，并且有着较为科学的经营者业绩考核评价体系。比如韩国对国有企业通过专门的经营评价委员会每年进行评估评价。再比如新加坡政府定期对淡马锡公司的财务报告进行审核，随时掌握公司的经营动态，以此考核经营者业绩。淡马锡公司对其下属企业建立业绩考核制度，业绩考核指标因行业不同，有所区别。具体某一国有企业的当年指标的高低，则由公司提出一个基本比率，然后与总公司协商确定。同时，开展定期业绩分析制度，淡马锡公司根据企业的财务报告，每年至少进行两次业绩分析，并要实地抽查。对业绩好的企业，对经营者进行奖励，对业绩差的，要帮助经营者分析原因，提出对策（如集中核心业务、调换高层管理人员或调整业绩考核指标等）。②

---

① 漆多俊主编：《国有企业股份公司改组法律问题研究》，中国方正出版社 2003 年版，第 137 页。

② 《国资委国有企业管理模式研究》，2009 年 5 月 18 日，新浪网（finance. sina. com. cn/ leadership/msypl/20090518/15586240574. shtml）。

鉴于此，我国国家出资企业经理层制度建设在结合国情并借鉴国外经验的基础上，应当做好如下几点：

(1) 如同前已述及的董事会制度一样，取消国有企业以及经理层行政级别，进一步政企分开，处理好党委会与经理层关系。依据《企业国有资产法》和《公司法》等相关法律法规，把党委会的“党管干部”原则与职业经理人市场选择结合起来。对于国家出资企业，不再按照行政级别性质的所谓领导班子和职务来管理企业经营者，党委会只能通过党组织向出资人机构建议经理人选，出资人机构通过其董事代表向董事会建议经理人选，由董事会来决定是否聘任，而不能由党委会超越甚至取代出资人机构权利和董事会职权而直接任免经理人选。而这种改革又涉及深层次的政治体制改革。

(2) 建立健全职业经理人市场，改革和完善经理层任免程序。经理层实行“经理内阁制”。“内阁制”是一种符合人性的人事管理制度，尽管我国无论企事业单位还是国家机关系列均从立法上确立了“内阁制”，但长期以来由于深层次体制原因，一直未能得到有效实施，领导层内部的“内耗”极大地降低了工作效率，变相地蚕食和侵吞国有资产。因此，需要从体制上进一步突破企业用人制度，确立“经理内阁制”。对于国有独资企业，由履行企业国有资产出资人职责的机构国资委或授权机构依据《企业国有资产法》等相关法律法规直接任免经理，副经理及“四总”等经营管理人选由经理提名，报请出资人机构批准。对于国有独资公司、国有控股公司和国有参股公司，则由公司董事会依据《企业国有资产法》《公司法》等相关法律法规聘请经理，副经理及“四总”等经营管理人选由经理提名，报请董事会批准。对于关系到国家经济命脉的国有企业，出资人机构应将经理人选报请国务院，并由国务院提请人民代议机构全国人大常委会批准。但对于国有控股公司和国有参股公司，则是依据《公司法》和《企业国有资产法》通过董事会和股东（大）会的程序进行经理层任免。经理人选无论是否需要经过公权程序，经理人选本身都需要通过职业经理人市场进行竞争选择商界精英。建立健全职业经理人市场，既可以选拔和物色优秀管理人才，也可以通过职业经理人市场形成对现有国有企业和国有参股企业经理层强大的竞争压力，以此达到企业国有资产监管功效。对此，我国可以借鉴国外一些做法，比如新加坡淡马锡公司通过国内外的职业经理人市场网罗最优秀的商界精英进入企业管理层。

（3）建立健全“四总”制度。“四总”制度并非所有企业都需要设立。但对于国家出资企业而言，一般均是大型或特大型企业，企业总会计师、总经济师和总法律顾问制度均要设立，至于企业总工程师制度是否设立要取决于企业性质。但从目前来看，企业总会计师制度或总工程师制度一般都已经设立，但企业总经济师制度和总法律顾问制度往往很多企业并没有设立。企业总经济师制度和总法律顾问制度，尤其是企业总法律顾问制度，不仅是企业经营管理的需要，更是企业依法经营和避免国有资产流失的法制保障。同时，从立法上和企业章程上赋予“四总”应有的职权，并处理好“四总”与董事、经理、副经理等的关系。

（4）改革和完善经理层薪酬激励考核评价体系。长期以来，我国国有企业经营者薪酬制度常按照公务员制度执行，一方面国有企业经营者薪酬水平偏低，不能有效产生企业家激励机制；另一方面国有企业经营者的“灰色收入”大量存在，难以控制。现代企业中，经营者薪酬不仅是经理层履职的等价有偿，也应当最大程度地体现经营者的激励因素。“协调管理者和股东的利益以便减少代理成本的方法之一就是为管理者设计一个以公司价值的最大化作为衡量标准而给予他们报酬的报酬方案。”[①] 我国应当打破过去的行政思维去设计经理层薪酬激励考核评价体系，通过人力资本产权理论、经营要素理论、企业家市场竞争理论和公司价值理论等设计和构建国有企业和国有参股企业经理层的薪酬激励机制。同时，我国应当根据行业特点、企业的垄断性和竞争性程度等因素，对国企经理层实行分类设计薪酬制度；并借鉴国外一些国家以经济增加值（EVA）为核心的业绩考核制度，引入经济增加值考核指标体系，[②] 改革和完善经理层年薪制度。我国 2010 年 1 月 1 日修订实施的《中央企业负责人经营业绩考核暂行办法》（以下简称《考核办法》）实质性地从立法高度在国有企业推

---

① ［澳］殷·瑞莫塞：《董事和高级职员的报酬：法律的作用》，史晨霞译，转引自漆多俊主编《国有企业股份公司改组法律问题研究》，中国方正出版社 2003 年版，第 260 页。

② 经济增加值（EVA）概念是从斯腾斯特公司开始运用至今，在国外只是每个公司单独运作，而在我国是作为 100 多家企业一起实施的一项经营者业绩考核政策。经济增加值考核指标体系在 10 多年前就引入中国，但我国一直对此比较谨慎。此次，《考核办法》开始实质性地推行中国式的经济增加值考核指标体系。

行经济增加值考核。由于它融入了一些中国元素，具有中国特色，因而又被有些学者称为中国式的经济增加值（CEVA）考核。[①] 同时，《考核办法》规定，将企业负责人考核结果分为A、B、C、D、E五个级别，根据考核结果进行相应的奖惩；对企业负责人的激励分为年度绩效薪金奖励和任期激励或者中长期激励。

（四）监事会制度

监事会是公司的日常监督机构。监事会作为国有资产的出资人监督代表，应承担对企业内部控制有效性及董事会或者管理层在内控中的责任进行评价的职责。[②] 从《企业国有资产法》来看，无论国有独资企业还是国有独资公司、国有控股公司和国有参股公司均要依据《企业国有资产法》和《公司法》等相关法律法规设立监事会制度。国有独资企业由履行出资人职责的机构按照《企业国有资产法》和国务院的规定委派监事组成监事会。国有独资公司依据《公司法》《企业国有资产法》和公司章程，由履行出资人职责的机构任免监事人选。国有控股公司和国有参股公司依据《公司法》《企业国有资产法》和公司章程，由履行出资人职责的机构向公司股东（大）会提出监事人选，由股东（大）会选举产生。国家出资企业的监事会依照法律、行政法规以及企业章程的规定，对董事、高级管理人员执行职务的行为进行监督，对企业财务进行监督检查。

从我国来看，国有企业早期并没有监事会制度。在20世纪90年代后期，随着政府机构改革，再加以学习和借鉴法国的做法，我国于1998年6月颁布了《国务院稽查特派员条例》，开始在国有企业实行稽查特派员制度，并向部分国有重点大型企业派出了稽查特派员。但这种制度基于政府机构改革人员安置的需要，以及没有充分考虑到现代企业治理结构的需要，具有临时性和过渡性特点；而且稽查特派员本身也极容易产生短期行为、难以稽查和监管俘获的可能性。因此，该项制度没有实行多久，在1999年通过的《公司法》就提出了国有企业监事会制度，并在2000年3

---

① 尹凌青：《“中国式”经济增加值考核》，《国有资产管理》2010年第3期。

② 高雅丽：《理论探索与问题研究——国有企业改革与国有资产监管工作成果汇编》，知识产权出版社2016年版，第83—84页。

月专门颁布了《国有企业监事会暂行条例》，并于 2000 年 8 月第一批向 100 家国有重点大型企业派出监事会。随后，国有企业监事会制度逐步推开。

江平教授曾经说过，“公法权力中的相互分权、相互制衡必然要在私法团体权力结构中得到运用和体现”①。但从我国目前来看，由于体制性障碍等因素，公法权力中的相互分权和相互制衡机制并没有得到有效体现，从而导致私法团体权力机构也存在诸多缺陷。国有企业也不例外。具体而言，国有企业和国有参股企业监事会制度也存在诸多缺陷，主要包括如下几点：①我国的国有企业尚未全部建立监事会制度，至少形式上的现代企业制度还未完全实施。②出资人机构代表国务院向国有企业和国有参股企业外派的监事自身素质与监事职位不相符合，外派监事行政化色彩依然浓厚，甚至保留行政级别，缺乏财务、法律等应有的专业素养，很难有效行使监事职权。而且，监事的兼职化现象严重。以北京市国资委监管一级企业控股的 25 家上市公司为例，25 家上市公司监事会成员全部为兼职，而他们的薪酬核定、业绩考核和选拔任用都与其主职紧密相关，导致监事履职的内在动力严重不足。② ③由于企业国有资产的国家所有权属性容易产生“所有者缺位”，以及股东（大）会呈现出形骸化而让位于董事会中心主义等因素，导致“内部人控制”现象，而由董事会甚至经理层操纵监事人选，形成了被监督主体决定监督者人选的奇怪现象。④由于企业国有资产的国家所有权的属性，公司监事会中缺乏真正的国有股东代表，监事对公司缺乏一种基于自身利益动机的深切关切。⑤许多监事常常是公司的纪委书记、工会主席、团委书记等，或是职工监事，从而与公司董事会和经理层存在着上下级管理与被管理的关系，无论行政、经济等方面均受制于被监督对象董事会和经理层，出现制度设计的主体错位，形成背离监事会性质的“下级监督上级”的现象，导致监事会流于形式。⑥监事会职权行使因缺乏立法所规定的必要实施手段而无法得到应有的保障。比如如何保障监事的诉权、监事通过会计师事务所、审计师事务所等

---

① 江平：《法人制度论》，中国政法大学出版社 1994 年版，第 30 页。

② 李先忠：《国企监事会职能向国有控股上市公司延伸的问题》，《国有资产管理》2010 年第 5 期。

社会中介机构进行公司财务审查缺乏细化规定等。

从国外尤其是西方发达国家来看，监事会制度主要存在三种情形：一是不设立监事会制度，而是通过董事会的各专门委员会如审计委员会、外部董事及独立董事以及企业外部的公共会计师事务所和独立审计人等加以监督。美国即是典型国家。美国主要通过独立董事加强对国有企业的监督。新加坡也是如此，新加坡淡马锡公司没有专门设立监事会，由董事会直接承担监督职能。董事会内设审计委员会，专门负责公司的财务审计。二是设立监事会制度，监事会和董事会均由股东（大）会选举产生。典型国家和地区如日本、我国以及我国台湾。这种制度最大的缺陷在于，如果监事会监事人选设置不当，则容易使监事会流于形式。三是设立监事会制度，监事会由股东（大）会选举产生，董事会则由监事会选举产生。即所谓的双重委员会制度。这在西方国家并不多见，德国是典型国家。这种制度有利于监事会发挥其应有的监督功能。不管是公法还是私法设立的国有企业，德国政府都通过派驻监事会的代表来控制监事会，以此监督国有企业。法国国有企业除了监事会制度外，还向国有企业派驻稽查特派员，加强国有企业的管理和监督。从监事人选来看，虽然国有企业基于国家所有权属性也存在着行政化色彩，但由于市场经济体制比较健全和民主法治化水平较高，企业的市场化程度较高，即使政府委派或推荐的监事人选也是通过市场机制产生的，而且有些监事人选是从债权人尤其是银行中产生，具有很强的监督激励动机和监督能力。比如在德国，据统计，在德国最大的100家公司中的75家公司（占75%），银行在监事会中拥有席位，并且银行代表在其中20家公司中占据着监事会主席的关键职务。[①]而且，德国的职工监事也很有特点。根据德国法律的规定，雇员人数在2000人以上的大公司中，资方选出的监事会成员和职工选出的监事会成员各占一半。[②]由于德国的双重委员会制度，使德国的职工监事并没有出现日本和中国等国监事会职工监事的形式主义。

如何完善我国国家出资企业监事会制度？具体而言，主要包括如下几

---

① ［日］青木昌彦、［美］休·帕特里克主编：《日本主银行体制》，张橹等译，中国金融出版社1998年版，第523页。

② 李维安等：《现代公司治理研究》，中国人民大学出版社2002年版，第274页。

个方面：

（1）从企业治理结构及其监事会模式选择来看，我国既不要简单照搬德国的双重委员会制度的做法，也不要简单照搬美国、英国的不设监事会的做法，而是在我国已有的公司治理结构的基础上，[①] 学习和借鉴美国的独立董事制度和董事会各专门委员会尤其是审计委员会制度，实现与监事会功能的互补，以弥补我国监事会制度的不足；学习和借鉴德国的银行代表监事和职工监事的监事会制度，即在我国监事会中增加银行等债权人监事人选比例和职工监事人选比例，并从制度上保障职工监事履职的能力，以加强我国监事会制度建设。

（2）逐步扩大中央和地方国家出资企业监事会制度建设范围和外派监事范围。各级国资委根据分级监管原则，对其所属国家出资企业，积极履行出资人职责，条件成熟时，积极推行监事会制度和外派监事制度，以代表企业国有资产加强企业监管。

（3）进一步规范监事会和外派监事产生程序，提高监事职业化素质。虽然我国《企业国有资产法》《公司法》等相关法律法规对国有独资企业、国有独资公司、国有控股公司和国有参股公司的监事会及外派监事制度分别做了详细的规定，但在实践中，监事产生的行政化色彩及其行政级别依然浓厚。为此，首先要消除监事的行政级别；其次要严格按照《公司法》《企业国有资产法》和企业章程等的规定产生监事会及其外派监事，监事人选提名权和决定权在出资人机构和股东（大）会手中，避免被董事会和经理层操纵，避免不必要的行政干预和监事行政化，提高监事的职业化水平。

（4）优化监事会组成机构，避免监事被董事会和经理层牵制的现象。一是扩大出资人机构和其他股东推荐的监事人选，以提高股权利益激励机制的监督力量。对于企业国有资产的出资人机构而言，要从制度上建立从职业经理人市场推荐监事人选。二是借鉴德国的做法，扩大债权人尤其是银行在监事会中的比例，实行主银行监督制度，提高监事的监督激励动机。三是鉴于我国监事会模式不同于德国的双重委员会制度，因此，不宜

---

① 我国的公司治理结构如同日本和我国台湾地区一样，受到德国影响，但又植根于东方儒家文化，而具有东方特点，即使存在缺陷，亦非简单改变。

扩大职工监事比例，否则易陷入监事被董事会和经理层牵制的处境。即使有职工监事，也要建立健全职代会制度，要建立保障职工监事履职的相应制度，包括职务升迁、薪酬等的保障。四是逐步扩大企业身份监事会成员比例，选拔懂财务、法律、经营管理等专业知识的人员进入监事会担任监事。[①]

（5）进一步明确和强化监事会职权，扩大监督范围。一是明确监事会提案权。除了应规定监事会对企业年度出资人机构会议、股东（大）会及监事会提议召开的临时股东（大）会享有提案权之外，还应该明确规定在董事会召集的临时股东（大）会、公司股东包括出资人机构在内的依照规定自行召集的临时股东（大）会上，监事会均享有提案权。二是明确业务监督权。对企业业务监督应是日常行为，以此牵制董事会和经理层。应从立法上进一步明确监事会及监事定期或在必要时随时要求董事会和经理层报告工作的权利，并对企业重大事项享有业务调查权和质询权。三是明确财务检查权。我国从立法上进一步明确监事会检查财务的具体方式，比如监事可以随时查阅或抄写会计账簿及文件，或要求董事、经理等提交相关财务会计报告等。[②] 与此同时，我国还需进一步转变当前侧重事后监督的模式，在事后监督的基础上，积极探索对企业选人用人、市场经营、重大投资、关联交易等事前、事中、事后全过程的监督，并强化对再出资企业的监督。[③]

（6）为监事会履职进一步创造制度保障。虽然我国修改后的《公司法》对监事会、监事及其履职做了进一步细化规定，但是还做得不够。对于国有独资企业和国有独资公司，建立监事会及监事对出资人机构的直接汇报制度；对于国有控股公司和国有参股公司，建立监事会及监事对股东（大）会的直接汇报制度，其中国有股东必须参加。同时，要从立法上进一步保障监事会及监事的诉权，建立健全公益诉讼制度等。

---

① 山东省国资委课题组：《国资监管机构行权履职的指针——对实施〈企业国有资产法〉的意见和建议》，《国有资产管理》2010 年第 4 期。

② 周绍朋等：《新世纪的国有企业改革与国有资产管理体制研究》，中国人民大学出版社 2006 年版，第 358—360 页。

③ 山东省国资委课题组：《国资监管机构行权履职的指针——对实施〈企业国有资产法〉的意见和建议》，《国有资产管理》2010 年第 4 期。

三　社会监管法律制度设计

（一）市场利益相关者监管

所谓市场利益相关者监管，是指市场竞争的利益相关者通过市场竞争的“狗咬狗”机制，比如产品市场、资本市场和经理市场等，实现企业国有资产监管功效的一系列制度安排。这实际上是通过市场这只“无形的手”达到企业国有资产监管的功效，以配合国家这只“有形的手”所进行的监管。提出市场利益相关者监管理念，意在不要忽视市场机制对企业国有资产无形监管的重要性，有时起到国家监管无法取代的作用；意在不要过分苛求国家监管制度的设计，千万不要忽视市场机制的无形作用。市场机制的成熟往往起到古人所言的“无为而治”。这对其他监管制度设计也不无借鉴意义。

在市场经济社会，面对企业国有资产，市场利益相关者主要涉及国有企业和国家参股企业的竞争对手、消费者、债权人（含银行）、债务人、证监会和证券公司、保监会和保险公司、职业经理人、社会中介机构（如律师事务所、会计师事务所）等。相应地，在比较公平的市场竞争环境下，市场利益相关者监管制度主要包括如下几个方面：①国有企业和国家参股企业的竞争对手通过市场竞争机制，形成对国有企业和国家参股企业的竞争压力，发挥竞争者“狗咬狗”的监管功效。②消费者通过商品或服务的市场选择以及消费者投诉，来优胜劣汰企业国有资产，发挥消费者监管功效。③国有企业和国家参股企业的债权人，尤其是银行作为债权人，通过行使债权请求权以及对企业财务等方面的监督检查，发挥债权人尤其是银行的监管功效。当然，这还要取决于银行的商业化程度。与此同时，国有企业和国家参股企业的债务人也有可能与债权人在相互监督制约中，发挥债务人监管功效。④对于国有上市公司，根据上市公司要求，实行信息披露制度，定期公布公司财务状况，随时披露公司重大事项等。同时，股民可以通过“用脚投票”的方式，实现资源的市场配置，形成对公司的竞争压力。总之，证监会、证券公司和股民等通过证券市场，发挥监管功效。当然，这还要取决于证券市场的成熟程度。⑤保监会和保险公司基于国有企业和国家参股企业的投保事项，通过保险业务的介入，间接发挥保险监管功效。⑥通过职业经理人市场构成对国有企业和国有参股企业管理人员的竞争压力，以此督促国企高管，发挥监管功效。当然，这要取决于国企高管选择的市场化以及较为成熟的职业经理人市场。

市场利益相关者能否对企业国有资产发挥监管成效，关键在于有无成熟的市场竞争机制。只有在充分而公平的市场竞争环境下，把不必要的行政干预降到最低限度时，将企业国有资产的国家所有权的公权力属性遏制在市场机制无法实施的范围内，则市场利益相关者的监管功效才会得到最大限度的发挥。这在西方发达国家表现得比较充分。然而，在我国，虽然经历了30多年的改革开放，但受制于体制性障碍，市场经济体制尚未成熟。比如：国有企业与私有企业还存在市场竞争不公平问题；金融市场、证券市场和保险市场等还不成熟；国企高管选择行政化现象依然严重，职业经理人市场不完善；消费者的私权利还不发达；社会中介机构独立性不够等。因此，我国当务之急就是遏制公权力，扫除私权利发展的障碍，从而为市场经济体制的建立健全提供体制保障。培育成熟的市场竞争环境，充分发挥市场利益相关者监管，以此分担国家监管的压力，达到政府“无为而治”的目的。

（二）政党监管

所谓政党监管，是指执政党和其他各种政党通过党的政策、意志和主张，行使宪法所规定的权利，实施对企业国有资产监管所形成的一系列制度安排。当今世界是一个政党政治的社会，政党的存在就为权力制约提供了强大的保障。如果政党的存在无法制约权力，反而助长权力的垄断和极权政治，就失去了政党应有的作用，也就失去了政党本身。从企业国有资产监管来看，政党监管既包括执政党监管，也包括反对党（在野党）监管，在我国则为各民主党派监管。

学界对执政党监管纳入国家监管还是社会监管存有争议。有学者认为，执政党监管与一般政党监管在地位、职能、方式、效力等方面有明显的区别，前者是一种特殊形式的极具权威的国有资产监管，虽无国家监管之名，但有国家监管之实；后者的监管则不具备国家权力的属性，而属于社会监管的范畴。也有学者认为，无论执政党监管还是一般政党监管都不归入国家监管范畴，而属于社会监管的范畴，但属于不同于一般社团的社会监管。[①] 这实际上涉及民主法治的价值理念问题。如果执政党的意志是通过国家机构体现出来的，就不是我们在此讨论的政党监管问题，而是国家监管问题。如果执政党是通过党组织自身发挥监管作用，则执政党行使的不是“权力”，而是宪法所赋予的“权利”，是一种社会性权利。在此情况下，如果将执政党监管纳入国家监管范畴，企业国有资产监管倒是小事，问题的背后将涉及“党政不分”以及“党化国家”问题。从我国现实来看，执政党的监管事实上有着国家监管的属性，容易助长“党政不分”以及“党化国家”倾向，其结果必然是：一方面，导致执政党监管和国家监管错位，既容易削弱国家监管的功效，也容易失去政党监督应有的地位和功能；另一方面，导致执政党监管与各民主党派监管的错位，“政党相互监督实质是对权力的相互制约”[②]，而一旦执政党监管具有国家监管的属性，则意味着各民主党派的监管失去了应有的功效。因此，构建政党监管制度的前提之一就是将包括执政党在内的所有政党监管纳入社会监管范畴，而非国家监管范畴。

从国际来看，政党监管更多的不是来自执政党的监管，而是来自反对党（在野党）的监管。而在我国，政党监管主要来自执政党的监管，而非各民主党派的监管。这恰恰说明了我国政党监管制度的缺陷与不足。在民主法治社会，虽然执政党的监管无法取代国家监管，但执政党毕竟与国家权力存在着利益通谋的可能性，因此，民主党派的监管就显得尤为必要，不仅对企业国有资产进行直接监管，而且通过对执政党的监督以起到企业国有资产监管的功效。在中国现实社会，某种意义上，对执政党的有效制约就是企业国有资产监管成效的关键所在。因此，执政党的监管不是重点，关键在于各民主党派的监管，强化各民主党派的监管是我国构建政党监管制度的又一个前提。

鉴于此，我国政党监管制度设计主要包括两方面：一是执政党的监管，二是各民主党派的监管，其中重点是各民主党派的监管。从执政党的监管来看，由于企业国有资产与纳税人密切相关，执政党基于保持自身执

---

① 杨文：《国有资产的法经济分析》，知识产权出版社 2006 年版，第 204 页。

② 萧超然、晓韦主编：《当代中国政党制度论纲》，黑龙江人民出版社 2000 年版，第 193 页。

政地位的需要，迫使执政党以其党组织的权力加强对企业国有资产的监管。在我国，则通过中国共产党的纪委等组织机构发挥监管作用。从各民主党派的监管来看，基于党派之间的竞争与合作，以服务于国家和纳税人的需要，促使各民主党派应当发挥企业国有资产的监管功效。在我国目前，各民主党派主要通过人大、政协等机构以表决、弹劾、罢免、质询、调查等方式发挥监管功能。但由于“竞争性”因素，以及人大、政协自身应有地位没有得到充分发挥等原因，导致我国各民主党派在企业国有资产监管方面并没有充分发挥其应有的作用，理应通过政治体制改革加以解决。在条件成熟时，还需制定诸如《政党监督法》等此类的法律法规加以法治化。

（三）社会团体监管

所谓社会团体监管，是指各种社会中介机构和其他社会组织对企业国有资产实施监管所形成的一系列制度安排。社会中介机构主要指律师事务所、会计师事务所、审计师事务所、资产评估事务所等。其他社会组织主要指工会、律师协会、消费者协会以及各种行业协会如服装协会、皮革协会、汽车工业协会等。广义的社会团体既包括各种社会中介机构，也包括其他社会组织。狭义的社会团体则排除社会中介机构以外的其他社会组织。本书在此采取广义的社会团体含义。社会团体具有中介性、民间性、公共性和自治性特点，并具有服务功能、干预功能和协调功能。[①] 如果从营利性角度来看，社会中介机构具有营利性特点，而其他社会组织则具有非营利性特点。

社会团体是介于政治国家与市民社会之间的一类社会中间层组织，是公民个人维权和行使监督权的重要组织力量。在市民社会和政治国家之间构建团体社会，使社团组织成为社会不同利益主体的重要制衡力量，寻求社团自治与国家干预之间的平衡。[②] 社团组织就成为市民社会和政治国家之间的缓冲带，既有利于国家政策和法律的实施，也有利于社会民众权利诉求的释放，以私权利制约公权力，维护民众的合法利益，从而有助于社

---

① 王全兴：《经济法基础理论》，中国检察出版社 2002 年版，第 524—531 页。

② 吕忠梅、陈虹：《经济法原论》，法律出版社 2007 年版，第 216 页。

会稳定。随着市场经济的发展，社会团体快速增长，已经成为社会的重要力量，包括其监督功能。社会团体的快速增长被认为是对政府失灵和市场失灵的一种反映，既纠正政府也纠正私人部门在促进社会—经济发展方面的制度弱点，填补两者功能上的空白。[①] 在西方国家，社会团体已经成为民主的中坚力量。某种意义上，社会团体的发达程度是衡量一个国家或地区民主法治化程度的重要标志。社会团体对企业国有资产的监管就是其功能的重要体现。

从国外来看，社会团体组织众多，许多社会团体成立时间早，比如美国纽约于1891年成立了世界上第一个消费者协会，而且独立性很强，与官方没有直接关系，政府干预很少，因而社会团体表现出高度的民间性和自治性，这是社会团体发挥社会监督功能的重要前提。会计师事务所、律师事务所、资信评级机构、资产评估机构等是国有资产管理和运营中的"经济警察"。这些专业机构通过谨慎执业，构成了对国有企业以及国有资产运营的强有力约束。根据《OECD国有企业公司治理指引》规定，为了加强国有企业所提供信息的可信度，国家应该考虑要求国有企业除了接受国家专门的审计以外，还应按照国际标准接受外部审计。外部审计人员独立于管理者和大股东。他们应该像对待私人部门企业那样遵从相同的独立性标准。[②] 对此，国外尤其是西方国家普遍采取了此种做法。比如：法国、芬兰、日本等国有企业均遵守国际会计准则，并要求国有企业的财务会计报告需经社会中介机构审计。即使一些政府监管职能也常常借助独立的社会中介机构加以有效的发挥。比如：新西兰财政部则委托独立机构新西兰皇冠监测咨询机构（CCMAU）对全部国有企业进行经营监督和业绩评估，并向财政部和有关行业部提供咨询意见。再如：美国政府或美国总审计署往往委托民间审计机构对国有企业进行财务审计，来掌握国有企业的经营和财务状况。[③]

从我国来看，虽然党的十四届三中全会通过的《关于建立社会主义

---

① 何增科主编：《公民社会与社会团体》，社会科学文献出版社2000年版，第278、363页。

② 欧阳淞：《国外国有资产监管法治化的基本经验及启示》，2007年11月2日，新华网（http://news.xinhuanet.com/newscenter/2007-11/02/content_6996988.htm）。

③ 同上。

市场经济体制若干问题的决定》明确指出要发展市场中介组织，发挥其服务、沟通、公正、监督作用，但由于体制性障碍，导致社会中介机构和其他社会组织普遍发育不全，社会团体数量相对较少，独立性、民间性和自治性不够，甚至许多社会团体还具有官方或半官方色彩，这也是社会团体的最大"软肋"。由于长期的体制转轨与过渡、强大的体制惯性与行政权力的干预，社团组织作为一种民间中介组织的独立地位尚未完全确立，定位不清、职能不明、体制不顺，直接影响了其应有功能的发挥。[①] 它既难以有效行使官方功能，也难以充分发挥社团应有而官方无法取代的功能，故其民主法治力量并没有得到充分发挥。同样，社会团体在企业国有资产监管方面也并没有发挥应有的作用。为此，我国首先要通过政治体制改革，消除体制性障碍，还社会团体本来应有的独立、民间、自治等面貌，给予公民个人充分的权利诉求表达渠道。这是社会团体监管制度设计的前提条件。

在此前提下，我国社会团体监管制度设计主要包括如下三个方面：①大力发展律师事务所、会计师事务所、审计师事务所、资产评估机构、资信评级机构等社会中介机构，发挥其在企业国有资产产生、运营、改制、合并重组等方面的"经济警察"作用。②大力发展并改革各种行业协会，比如皮革协会、服装协会、汽车工业协会等，分离政府职能，使其成为真正的行业自治组织，通过行业协会发挥企业国有资产的监管作用。③改革和发展各种维权组织，比如工会、消费者协会、律师协会等，分离政府职能，使其成为真正的公民维权的自治组织。考虑到自然垄断领域，消费者更容易成为弱势群体，甚至可以借鉴新加坡等有些国家的经验和做法，在自然垄断产业领域建立专业的消费者组织，比如电力、邮政、电信等专业消费者组织，保护特殊产业领域的消费者利益。总之，通过维权组织的"维权"，以制约企业国有资产运营的"滥权"现象，强化企业国有资产监管功能。

（四）公民监管

所谓公民监管，是指公民个人通过行使宪法赋予的知情权、监督权

---

① 刘大洪：《经济法学》，北京大学出版社2007年版，第165页。

等，以达到企业国有资产监管功效的一系列制度安排。宪法和相关法律法规无论从公民的角度还是从纳税人的角度均规定了知情权、批评监督权等相关权利。企业国有资产的国家所有权属性决定了公民有权利也有义务对企业国有资产进行监督。在企业国有资产监管方面，公民监管权既是公民的权利，也是公民的义务。

公民能否有效地行使知情权、批评监督权等，关键取决于公民能否成为真正意义上的“公民”概念，而摆脱历史中的“臣民”思想。尽管1688年的英国“光荣革命”提出了“限制王权、保障民权”等思想，并进而波及欧美国家，但时至今日，“公民”概念尚未在全世界普及。虽然我国的辛亥革命距离今天已有100多年的历史，但我国“公民”观念至今尚未深入人心。而这取决于市场经济的发展，市民社会的构建，以及市民社会与政治国家的互动。这是公民监管法律制度设计的前提条件。

相比较而言，西方发达国家关于公民精神的普及程度要高于发展中国家，公民在知情权、批评监督权等方面发挥得较为充分。比如在美国，任何公民觉得国有企业存在问题，均可以写信给议员，由议员转交审计署，审计署关于国有企业的审计结论提交国会审批后必须执行。再如：新加坡有着较为完备的听证会制度，法定机构在公用事业企业制定和调整涉及消费者利益的价格时，都要召开听证会，其特点是将方案在互联网、大众媒体上公布，广泛听取社会各方面的意见，并据此进行反复的修改，然后再将修改的结果与公众见面，再次征求意见，作为企业制定价格的依据。新加坡要求所有企业的经营资料，都在注册局备查，任何单位或个人，只要交纳少量费用，就可以索取一份有关公司的资料。上市国企的所有财务资料，都必须按时上报给工商注册局，公民、股民等都有权索取查阅；没有上市的国有企业，也按规定向工商注册局定期上报各种财务报表，以便民众备查。①

从我国来看，由于体制性障碍等因素，公民素养一直较为缺乏，与宪政意义上的“公民”尚有一定距离，导致公民权利诉求的渠道不畅，公民的知情权和批评监督权等权利难以有效发挥。其结果是，不但使私权制

---

① 周勤、李家平：《什么是好的管制者？——对新加坡公用事业的法定机构的实证分析》，《产业经济研究》2007年第1期。

约公权变得失效，导致包括企业国有资产监管在内的公权异化，公民监管失效；而且还容易使部分人走极端，发生过激行为，表现在企业国有资产方面，就是国有企业改制中的过激行为、瓜分国有资产、普遍的损公肥私等。

鉴于此，公民监管制度设计应当包括如下几个方面：①推动宪政体制改革、培育公民精神就成为公民监管制度设计的当务之急。以私权利制约公权力往往起到公权力监管无法取代的作用。温家宝总理在2010年“两会”的政府工作报告中明确提出了政治体制改革，并指出要创造条件，让人民监督政府。②改革和完善现有的基本制度。公民个人主要通过人大、政协、新闻媒体和人民来信来访等方式表达个人的批评监督意见。因此，需要改革和完善人大、政协、新闻媒体和人民来信来访制度，以适应不断增长的公民权利诉求需要。③拓宽和制度保障公民的权利诉求渠道。公民作为纳税人有权利也有义务监督企业国有资产。我国需要借鉴国外和我国台湾的一些成功经验和做法：一是从制度上保障任何公民可以就企业国有资产问题写信给人大代表、政协委员以及人大常委会或政协常委，除了人大常委会或政协常委可以把反映材料提交审计部门外，还应从制度上保障人大代表或政协委员有权直接将反映材料提交审计部门，并要求审计部门将审计结论向人大常委会或政协常委以及相关的人大代表或政协委员汇报，人大常委会或政协常委就此审批后必须执行并加以监督执行。二是完善相应的听证会制度，任何公民个人可以就企业国有资产重大事项向政府有关部门、人大或政协提出听证要求，并在符合法定条件的情况下，必须举行听证会，做出相应的处理结论。三是从制度上保障任何公民个人或单位都可以到工商局、税务部门等查阅涉及企业国有资产方面的企业资料，除非涉及法定的国家机密和商业秘密。但鉴于企业国有资产的“全民”属性，决定了企业国有资产涉及国家机密和商业秘密面对公民而言已经降到最低限度，即使存在国家机密和商业秘密，也必须法定化。④配合和满足公民的知情权、批评监督权等权利要求，建立健全国家机关、企事业单位强制信息披露制度，推行新闻发言人制度，包括大型企业尤其是国有企业，对包括涉及企业国有资产在内的重大事项实行定期信息披露。⑤建立健全公益诉讼制度。从制度上保障和激励任何公民个人有权就涉及企业国有资产的公益案件向有关司法机关提起经济侦查或诉讼等。

（五）新闻舆论监管

所谓新闻舆论监管，是指通过新闻媒体对涉及企业国有资产的行为进行监督所形成的一系列制度安排。新闻媒体是公民个人和各单位行使宪法和相关法律法规所规定的知情权、批评监督权等权利的重要途径。新闻舆论的监督力量在西方国家被称为“第四种权力”①。由此可见，新闻舆论监管在企业国有资产监管中所具有的重要地位。某种意义上，它成为所有监管制度的重要内容，也成为一个国家或地区民主法治化程度的重要方向标。

新闻媒体主要涉及广播电视、报纸、网络等。新闻舆论监管具有信息量大、时效性强、影响范围广等特点。当今社会，包括涉及企业国有资产在内的很多大案要案都是通过新闻媒体揭露的。比如央企在海外金融衍生品的巨亏、中航油事件以及许多政府官员涉及企业国有资产流失的贪污受贿等职务犯罪。新闻舆论监管成效如何不仅取决于新闻媒体自身，还取决于其背后的公民精神。鉴于权力的利益通谋，尤其是面对企业国有资产，以及监管俘获理论，新闻舆论监管往往发挥了国家监管无法取代的作用。这一点在西方发达国家表现得淋漓尽致。然而在我国，由于体制性障碍等因素，导致新闻媒体的独立性不够和公民素养的缺失，从而使新闻舆论监管尚有诸多缺陷。

新闻舆论监管制度设计应当包括如下几个方面：①建立健全市场经济体制，构建市民社会，为公民精神和新闻媒体提供相应的经济土壤和社会土壤。②加快政治体制改革，推动宪政立国，培育公民精神，充分体现新闻媒体的独立性、中立性、民间性、自治性和社会性等特点。这是发挥新闻舆论监督的关键所在。一方面，为公民的权利诉求提供制度保障，对此前文已述及；另一方面，发挥多种融资渠道，加快文化体制改革和新闻媒体的企业化改制，组建若干报业集团、广电集团、网络公司等企业集团。③在广播电视、报纸杂志等传统新闻媒体表现形式的基础上，大力开拓新闻媒体的多种新型表现形式，比如网络新闻、电子期刊等。④除了发挥新闻媒体对企业国有资产的常规舆论监督以外，对于市场条件下的所有监管

① 在西方国家，另外三种权力即是我们通常理解的立法权、行政权和司法权。

制度，可以考虑在条件成熟的情况下，在各新闻媒体开辟包括企业国有资产在内的各监管专栏或专题监管媒体，以强化新闻媒体对纳入市场监管范围内对象的监督力量。比如《国有资产管理》杂志等。⑤建立健全相关的新闻法律法规，使新闻舆论监督在法治轨道下运行，为新闻舆论监督以及新闻从业人员提供法制保障。

对于社会监管主体而言，无论市场利益相关者、政党、社会团体、公民还是新闻媒体等的监管权都不是一种公权力，而是一种社会私权利。认识到这一点，对于社会监管权与国家监管权的有效配置及其相应的救济制度构建非常重要。

四　对监管主体监管的法律制度设计

（一）对监管主体监管的内涵分析及理论界定

如果说监管主要是为了矫正市场失灵问题，[①] 那么，监管本身同样面临着监管失灵问题，即所谓的政府失灵。企业国有资产监管也不例外。对此，无论经济学界还是法学界等，早已有清醒的认识。其中尤以“公共选择理论”为代表。美国著名经济学家、芝加哥学派学者、诺贝尔奖获得者施蒂格勒（George Joseph Stigler）早在20世纪40年代就对政府监管的成效提出质疑，他在《经济管制论》中指出：管制者“既有伟大的德行（解放奴隶），也有最肮脏的丑行（国会议员的贪污受贿）”[②]。比如针对电力公用事业，他认为，“我们没有发现对电力公用事业的监管有任何显著的效果”[③]。随后，佩尔兹曼（Peltzman）和法经济学家波斯纳（Posner）进一步发展了施蒂格勒的理论。到了20世纪60年代，美国经济学家、弗吉尼亚学派学者詹姆斯·M. 布坎南对政府管制进一步提出了质疑，并和弗吉尼亚学派学者塔洛克一道在《一致同意的计算》一书中，把“经济人”范式运用到政府中加以分析，明确提出了政府失灵问题。

---

① 前已述及，对于企业国有资产监管除了矫正市场失灵外，基于企业国有资产的国家所有权属性，还涉及矫正政府失灵问题。

② ［美］G. J. 施蒂格勒：《产业组织和政府监管》，潘振民译，上海人民出版社、上海三联书店1996年版，第210—214页。

③ 同上书，第171页。

布坎南认为，政府干预与市场机制一样存在缺陷和局限性，过分依赖政府干预也会产生不尽如人意的后果，“萨缪尔森和其他经济学家把政府在试图弥补私营经济的缺陷时使情况恶化的可能性压制最低度，卓越的政治学家们也是如此，他们认为民主政府通过利益集团之间的竞争而反映社会的意志”[①]。20世纪70年代，施蒂格勒的管制经济学提出了监管“俘获理论”(Regulatory Capture)，进一步发展了政府管制。监管“俘获理论”认为，政府监管是为了满足产业对监管的需要而产生的，而监管机构最终会被产业所控制。[②] 总之，“公共选择理论”的芝加哥学派和弗吉尼亚学派等提醒人们在市场失灵之外，还存在着政府失灵问题。政府监管也有可能使政府成为市场行为的直接或间接参与者，成为“与民争利”的主体，或基于“俘获理论”而怠于监管等。因此，我们也不要盲目崇拜政府监管。

这说明监管是有成本和代价的。监管成本主要包括四个方面：一是道德危险；二是守法成本；三是经济福利损失；四是保护无效率，从而阻碍变革等。[③] 之所以存在监管失灵，即所谓的政府失灵问题，有学者认为监管失灵的主要原因包括如下几个方面：一是信息不对称下的机会主义；二是利益集团的寻租活动；三是难以形成明晰的可实施目标；四是缺乏正向激励以及管理困难；五是造租活动等。[④] 总之，只要存在信息不对称和利益集团的操纵等因素，监管者就有被俘获成为利益集团的代言人和工具的可能性。

如何解决监管失灵问题，有人提出放松政府监管，让市场机制解决的观点，也有人提出加强对监管主体再监管的观点。笔者以为，其中任何一个观点均不能走向极端，两者不可偏废。监管失灵或政府失灵问题不是我们放弃监管的理由。无论是布坎南还是施蒂格勒等人在批评政府监管缺陷

---

① ［美］布坎南：《自由、市场与国家——80年代的政治经济学》，平新乔、莫扶民译，上海三联书店1989年版，第281页。

② Kip, W. Viscusi, John, M. Verson, Josepul, E. Harrington, *Economics of Regulation and Antitrust*, The MIT Press, 1995, p. 56.

③ 吴弘、胡伟：《市场监管法论》，北京大学出版社2006年版，第12页。

④ 吴弘、胡伟：《市场监管法论》，北京大学出版社2006年版，第73—74页；杨文：《国有资产的法经济分析》，知识产权出版社2006年版，第180—181页。

的同时，均没有否认政府监管的必要性。这种批评恰恰告诉我们，不要抱着理想化的态度去寻求政府监管；寻求政府监管的同时，要处理好政府与市场的关系，政府监管不能破坏市场的边界。解决监管失灵问题，既要发挥市场机制的基础性作用，不要盲目崇拜政府监管，保障监管机构的独立性，也要加强对监管主体再监管的制度构建。也只有在遵循市场机制的基础上，加强对监管主体监管才具有现实意义。

所谓对监管主体监管，是指基于监管失灵，对监管主体监管权加以监管的一系列制度安排。任何市场监管制度均存在对监管主体再监管的问题，无论证监会、保监会、银监会的监管，还是电监会的监管等，企业国有资产监管也不例外。从企业国有资产监管来看，对监管主体监管，从广义上来看，包括对国家监管主体、社会监管主体和企业监管主体的监管；从狭义上来看，是指对政府的监管；从最狭义上来看，仅仅是对国资委的监管。人们通常是从最狭义上来理解对企业国有资产监管主体的监管，即指对国资委的监管。对监管主体监管，不仅是市场监管的内在需要，也是一个国家或地区宪政的必然要求，是构建有限政府和责任政府的需要，尤其面对企业国有资产问题。

（二）对监管主体监管的法律制度构建

至于监管主体如果出现问题，如何处理？这实际上就是对监管权监管的问题。笔者以为，监管主体出现问题本身在多数情况下就体现了政府失灵问题。市场失灵需要国家运用国有企业的手段调控市场经济时，有可能面临政府失灵，是企业国有资产监管的理由。同样，国家对企业国有资产监管将会再次面临政府失灵的问题，又需要对监管主体加以监管。在市场失灵和政府失灵的双重夹击下，鉴于经济政策的法律化，从而使企业国有资产监管制度成为经济法的重要内容。就此意义而言，经济法学者必须在摄取经济学理论的基础上，运用法律思维去思考经济问题。这也正是经济法的价值所在。如果经济法学者仅仅是对经济学者研究的经济问题加以简单的法律表述，甚至对经济问题存在误读，则失去了经济法存在的价值。这也正是被许多人误认经济法缺乏存在价值的理由。这是其一。其二，市场失灵与政府失灵的不可避免性，就决定了经济法具体制度不可能理想化选择，仅是相对合理性，即将市场失灵与政府失灵尽可能从制度上降低到最低限度。其三，基于监管主体本身可能存在问题，就决定了纵向单一的监管体制必然存在缺陷，理应从宪政高度去思考此问题，引入权力分工与相互制衡来尽可能解决此问题，即在监管主体之间（国家各机关、社会各组织和企业等）、监管主体与被监管对象之间等形成制衡与牵制，以便将监管主体尤其是国家机关的"俘获"问题降低到最低限度。正因为如此，"公共选择理论"在提出政府监管失灵的同时，也提出了进行宪政改革的观点。布坎南认为，"公共选择的观点直接导致人们注意和重视规则、宪法、宪法选择和对规则的选择"①。

这种再监管的宪政理念在西方发达国家表现得比较充分。以美国为例，美国对市场监管主体的监管主要来自三种力量，即立法机关（国会）、司法机关（法院）和行政机关（总统），权力的分工与相互制衡机制比较凸显。国会的监管一般涉及国有资本预算的审批、对监管机构财政拨款的控制、监管立法、听证制度等。比如国会授权各监管机构制定各个产业的法规，在法规生效之前，国会将对其进行投票以确定是否否决，一些否决仅需要参议院通过，而还有一些否决需要参众两院都通过。国会对此的否决曾被应用超过200次。② 法院的监管主要通过保障司法独立，以有效地发挥司法审判的监督职能。美国1946年的《行政程序法》专门对监管机构的监督程序做了明确规定；同时美国各主要国有企业均有专门立法。法院无论从实体上还是程序上对企业国有资产监管均有法可依。美国总统的权力很大，总统的监管主要体现在参与监管政策的制定、任命监管机构负责人、参与监管机构的预算以及对监管机构的直接监督等。

而从新加坡来看，不仅具有再监管的宪政理念，还具有东方儒家文化的特点。新加坡则利用科层制和监管机构之间的委托代理关系解决监管机构的俘虏问题。新加坡公用事业的法定机构（Statutory Board）是新加坡公用事业的主要投资者和监管者。政府赋予法定机构代替政府部门行使管理和监管的职能，成为监管体系中具有比较特殊地位的机构。对监管者的监管工作主要通过内部和外部两条途径来实施。在内部，每个法定机构都

---

① ［美］詹姆斯·布坎南：《自由、市场与国家——80年代的政治经济学》，平新乔、莫扶民译，上海三联书店1989年版，第35页。

② 吴弘、胡伟：《市场监管法论》，北京大学出版社2006年版，第76—77页。

设有内部审计处；在外部，设立该法定机构的政府主管部门负有主要的监管职责。[①]

但从我国来看，既缺乏成熟的宪政理念，也缺失了儒家文化中的一些精髓，导致我国企业国有资产监管及其再监管制度构建缺乏良好的制度环境。首先，人大应有的地位没有充分体现，司法独立性不够，导致监管权力膨胀，以及对监管主体监管的重视程度不够。其次，监管和再监管立法的缺失，《暂行条例》仅在第38条对监管主体的监管做了简单规定，缺乏行政相对人的听证程序的规定，缺乏可操作性。再次，由于市场机制的不成熟和宪政理念的薄弱，导致社会团体的独立性、自治性不强和公民精神的缺失，使社会团体、新闻媒体和公民个人的监督不力以及企业自律能力不够等。

鉴于此，我国应当在结合国情的基础上，加快宪政体制改革，创造企业国有资产监管以及再监管的良好制度环境。在此前提下，借鉴国外一些国家的成功经验，设计对企业国有资产监管主体监管的法律制度。

前已述及，企业国有资产监管包括国家监管、社会监管和企业监管。相应地，对企业国有资产监管主体的监管就包括对国家监管主体的监管（涉及对立法机关、司法机关和行政机关的监管）、对社会监管主体的监管（涉及对社会中介机构、新闻媒体和公民个人等的监管）和对企业监管主体的监管。对立法机关、司法机关和社会监管主体的监管来说，从企业国有资产监管体制来看，不存在所谓的专门再监管体制，再监管问题实际上取决于国家的权力分工与相互制衡机制的宪政体制，以及成熟的市场体制和公民社会，即所谓的政治国家与市民社会的互动、公权力与私权利的博弈与平衡。此外，由于企业监管是企业治理结构问题，因此，对企业监管主体的监管来说，也不存在所谓的专门再监管体制，完全取决于市场机制以及企业治理机构的完善程度。鉴于此，对企业国有资产监管主体监管的制度构建主要是从对国资委的监管角度设计的，至于对国资委以外的其他行政机关加以监管的原理类似于对国资委的监管。

在市场经济社会，在充分发挥市场机制的基础上，为了提高效率而将

---

① 周勤、李家平：《什么是好的管制者？——对新加坡公用事业的法定机构的实证分析》，《产业经济研究》2007年第1期。

权力集中起来，然后从尽责的角度对此种权力密切地加以监管。[①] 市场监管是典型例证，即设置专门的监管机构加以监管，然后再对监管机构加以监督。但这是以监管机构的独立性和对监管权力有效制约为前提的，否则监管可能成为行政不当干预的借口，导致监管失灵。企业国有资产监管也不例外。国资委作为企业国有资产出资人代表机构，专职行使国家出资人监管职能，即具有监管权力的相对集中性，但同时也要求国资委的相对独立性以及对国资委的监管问题。论述企业国有资产监管主体的监管问题，也主要是针对国资委的监管。

对国资委的监管，能否发挥再监管的成效？主要取决于如下几个前提：①较为成熟的权力分工与相互制衡的宪政体制。单线监管与再监管系统永远难以跳出监管失灵的不断循环的逻辑困境。人大应有地位的树立、司法独立以及社会团体和公民自治精神的形成是多元监管体系的重要前提，也是再监管的基础环节。②国资委的相对独立性。如果国资委不能保持相对独立性，那么国资委要么可能被监管对象俘获，要么可能被政府不当干预，或者两者兼而有之。在此情况下，无论如何谈对国资委的监管问题，只能是加重政府的不当干预，导致监管失灵。如何保证国资委的相对独立性？国资委的财务和人事关系设计非常重要。如果国资委依赖财政拨款和人事关系在国务院，则必然影响到国资委的独立性。但如果国资委依赖对被监管对象的收费，则国资委容易被监管对象俘获。因此，笔者建议，国资委可以考虑设置在人大常委会下，或由国家主席直接统辖包括国资委在内的主要市场监管机构；国资委无论如何设置，其财务和人事关系等都通过人大审批。当然，这要取决于我国宪政体制改革。③要有较为完善的国资委内部激励机制。一旦国资委内部缺乏有效的激励机制，则国资委很容易采取保守的监管政策或怠于监管，甚至可能被监管对象俘获。在国资委连正常的监管职能都难以发挥的情况下，谈国资委的再监管就没有多大意义。国资委的内部激励机制包括薪酬、奖金、福利、职务任免等。比如国有资产的流失程度、国有资产的收益等与国资委监管成效挂钩，并与国资委工作人员个人绩效挂钩等。

对国资委的监管，借鉴美国和新加坡等国的经验，分为内部和外部的

---

① ［美］斯蒂尔曼：《公共行政学》上、下册，中国社会科学出版社 1988 年版，第 16 期。

再监管。从内部来看，一是要规范国资委的内部工作流程；二是通过国资委的内部审计加以监管。对国资委进行监督，对国资委进行定位，明确国有资本监管边界和方式，通过在国资体系内部对出资人权利和监管权力的重新梳理，构建有效的国有资本经营与监督体系。①

从外部来看，主要包括如下几个方面：

（1）人大对国资委的监管。我国《企业国有资产法》第63条规定："各级人民代表大会常务委员会通过听取和审议本级人民政府履行出资人职责的情况和国有资产监督管理情况的专项工作报告，组织对本法实施情况的执法检查等，依法行使监督职权。"笔者以为，这种规定远远不够，并且缺乏可操作性。除了现有立法规定外，笔者以为，人大对国资委的监管主要包括如下几个方面：人大通过立法的形式对国资委进行立法监督，比如提高企业国有资产的立法位阶、对有些特殊国有企业专门立法等；人大对国资委参与拟定的国有资本预算的审批、对国资委财政拨款的审批、对国资委涉及国有企业利润分配和使用的审批；人大设立由专家学者和人大代表等组成的国有企业业绩评价委员会定期对国有企业进行业绩评价；国资委定期向人大汇报工作并接受人大代表的质询、人大对国资委重大事项进行调查和举行听证会等。比如我国浙江省义乌市国资局受义乌市政府委托，每年两次向义乌市人大常委会做国资运行情况的汇报等。虽然这种做法还有待于进一步完善，比如国资局是否通过政府委托才能向人大常委会汇报？人大常委会可否直接要求国资局汇报等？但毕竟在我国人大监督企业国有资产方面做了一些尝试和探索，值得学习和借鉴。

（2）行政机关对国资委的监管。根据我国《企业国有资产法》第64条的规定："国务院和地方人民政府应当对其授权履行出资人职责的机构履行职责的情况进行监督。"为此，谈到行政机关对国资委的监管，常有人想到上级机关或国务院对国资委的日常工作业务监督。说到底，这些人对国资委的定性尚不清楚，依然存在行政干预的理念。从我国现有立法来看，也多少存在理念的误区。国资委作为国家出资人代表机构，国务院或地方各级政府无权直接干预国资委，只能通过政府的社会公共管理职能的

---

① 国务院国有资产监督管理委员会研究中心：《做优做强、世界一流：中央企业改革发展新目标》，中国经济出版社2012年版，第291页。

机构行使相应的再监管职能。比如审计署、财政部、发改委、商务部、监察部、国家预防腐败局、人力资源和社会保障部等在各自业务范围内涉及国资委的，履行其监管职能。比如监察部对国资委的违法违纪行为的监督检查；企业及其股东对国资委违法行为的行政复议等。其中尤以审计机构为典型。审计机构加强对国资委的外部审计，包括对国资委是否依照《公司法》等法律法规履行出资人职责；通过法定程序对企业负责人进行任免、考核并根据经营业绩进行奖惩；对所管国有资产的保值、增值情况进行监督以及评价所拟定的规章制度的科学性和有效性等一系列工作进行审计，并将审计结果上报各级人大机关。所以，审计监督是人大对国资委监管的有效补充。

（3）司法机关对国资委的监管。虽然我国《企业国有资产法》中关于司法机关对国资委的监管没有直接规定，但是在其“法律责任”部分，必然涉及司法机关对国资委的监管问题。比如《企业国有资产法》第 68 条、69 条和 70 条等的规定。法院和检察院对涉及国资委及企业国有资产的案件，尤其职务类犯罪案件，通过检察院的检察监督和法院的司法审判加以监督。其中，检察院的反贪局担当重要角色。检察院则通过立案调查涉及国资委组成人员的经济犯罪案件对国资委加以监督，法院则通过审理涉及国资委的案件加以监督。比如作为国资委监管对象的国有企业和国家参股企业如果发现国资委在监管过程中存在违法行为，可以向法院提起行政诉讼。如果国资委的行为损害了国有企业或国家参股企业的利益或其他股东的利益，其他股东也可以通过行使股东直接诉讼权或股东派生诉讼权向法院提起诉讼。有权利，必有救济。这是企业及其股东权利受损的必然司法考量。这种维护企业及其股东合法利益的司法考量恰恰起到了对国资委的监管。从我国现有立法来看，对此缺乏相应的规定。固然原因很多，但其中有一重要原因即是对政府的盲目崇拜，以及国有企业与国资委的关系并未理顺。对此，理应加以立法完善，使《企业国有资产法》等相关法律法规更具有可操作性和法定性。

司法机关对国资委的监管主要是一种事后监督。如何有效发挥司法监督功能？首先，在我国，由于国资委及企业国有资产的公权力属性，决定了司法独立尤其必要，这是保证司法机关对国资委监管的重要前提。其次，国资委虽然作为国家出资人代表机构，履行出资人职能，但它是国务院直属特设机构。因此，应当完善行政诉讼制度，明确国资委作为被告的受案范围。此外，鉴于国资委的抽象行政行为可能涉及宪政问题，有必要建立健全违宪审查程序和公益诉讼制度（对此，下文将进一步阐述）。①

（4）社会对国资委的监管。鉴于企业国有资产的国家所有权属性，作为国家出资人代表机构的国资委理应接受人民及社会公众的监督。无论国资委还是国资委的再监管机构如立法机关、司法机关以及其他行政机关等，由于人性自私的一面导致的权力和利益的通谋，均存在监管俘获和再监管俘获的循环困境。因此，无论对企业国有资产的初次监管，还是对国资委的再监管，社会监管起到了国家监管和再监管无法取代的作用。社会对国资委的监管主要包括社会中介机构的监督（如证监会、银监会、保监会、律师事务所、会计师事务所、资产评估机构、消费者协会、律师协会等）、新闻媒体的舆论监督和公民个人的监督等。我国《企业国有资产法》第66条、67条对此均做了相关规定。在市场经济和民主法治化程度较高的国家或地区，社会监管显得比较突出。社会监督也很重要，垄断行业业务牵涉公众的切身利益，人人关心，所以必须实行广泛的社会监督，维护老百姓的正当权益。② 这要取决于公益诉讼制度及相应司法体制的完善。

---

① 有学者认为，应扩大行政诉讼范围，把国资委的抽象行政行为纳入司法审查范围。但笔者以为，抽象行政行为更多具有宪政行为特点，理应通过违宪审查程序解决，现有的法院难以解决违宪问题。

② 张卓元：《中国国有企业改革三十年：重大进展、基本经验和攻坚展望》，《经济与管理研究》2008年第10期。

第七章

企业国有资产监管法律责任及其救济

从前已述及的中航油新加坡公司事件事后救济来看，主要是从党纪、政纪的角度处理了4名责任人，既没有追究其刑事责任，也没有追究其民事责任尤其是民事赔偿责任，同时也没有追究国资委以及政府其他相关职能部门的责任，致使国有资产白白流失，此乃法律责任的苍白。如果说国资委监管缺位导致事件发生已是既成事实的话，那么该事件事后救济的法律责任的缺位则是一错再错，难以容忍。

长期以来，学界关于企业国有资产监管论述较多，但主要限于经济学界，而缺乏法律人的关注，更遑论其中的法律责任及其救济制度，这也是企业国有资产监管成效不足的重要原因之一。“问责制”的匮乏也是中国诸多制度之通病，问题的背后乃是体制性矛盾，更是国人亟须解决的问题。因此，讨论此命题，不仅是国有资产监管的问题，而且也借此推动“问责制”的构建，以寻求背后的体制性变革。

对于企业国有资产监管而言，问责制的提出不仅源于监管责任及其救济制度的缺失，更源于国家所有权的公权力属性。虽然，企业国有资产在民商事流转领域与私有财产有着诸多共同性，适用同等的私法，但国家所有权决定了企业国有资产还存在大量公法适用的领域，而这恰是私有财产所不具有的。而国资监管进一步渗透了公权力因素。凡是国家公权力所产生的积弊均有可能发生在企业国有资产及其监管身上。因此，公权力的问责对于企业国有资产监管就显得尤其必要。

一　企业国有资产监管法律责任界定

本书理应直接进入“问题的提出”，但鉴于学界一直遑论企业国有资产监管法律责任及其救济制度，仅在《企业国有资产法》和《企业国有资产监督管理暂行条例》（以下简称《暂行条例》）等相关条文中略有规定，而其是否同于一般意义上的法律责任及其救济制度呢？是否有别于经济法责任呢？连这些基本概念都尚未澄清，又何谈“问题的提出”？故有界定企业国有资产监管法律责任的必要性。

有权利，必有义务；有权力，必有问责。这是民主法治的必然要求，也是责任的要旨。所谓责任，首先是做“分内应做的事情”，其次是没有做好应做的事情而应当承担的后果。[①] 责任一般包括法律责任、政治责任和道德责任（道义责任）等。其中，法律责任是最重要的责任，也只有法律责任，才有真正意义上的责任制。

法律责任有广义和狭义之分。从广义上来看，法律责任与法律义务同义，如每个公民都有遵守法律的责任（义务）、国家有责任尊重和保障人权、人民法院有责任保护当事人合法权利等。从狭义上来看，法律责任是指由于违背了相关法律义务或基于特定的法律联系，有责主体应受谴责而必须承受的法律上的不利负担。[②] 这是一种追溯性的责任。通常理解的法律责任是指狭义上的法律责任。但有的学者认为，这种追溯性的责任是一种消极意义上的法律责任，随着社会经济的发展，仅从消极意义上来理解法律责任已不足矣，现代法尤其是经济法应当更多地考虑法律责任的积极功能——作为与不作为的义务，乃至角色的设置及担当。[③] 笔者以为，法律责任的积极功能实际上是法律责任的问责过程，是法律责任的动态实施问题，但从概念上理解则是静态意义上的法律责任。

法律责任从不同的标准有不同的划分，比如从实体和程序来划分有实

---

① 中国社会科学院语言研究所词典编辑室编：《现代汉语词典》（修订本），商务印书馆1996年版，第1574页。

② 朱景文主编：《法理学》，中国人民大学出版社2008年版，第474页。

③ 史际春、邓峰：《经济法总论》（第2版），法律出版社2008年版，第200页。

体上的法律责任、程序上的法律责任；从部门法性质的法律规范上来划分有违宪责任、行政责任、民事责任和刑事责任。无论在学界还是司法实践中，一般是从部门法性质的法律规范角度来划分，这“四大责任”一直占据主导地位，并具有实践价值。

除了传统的“四大责任”以外，经济法有无独立的如同民事责任、刑事责任等部门法性质的法律规范意义上的法律责任？经济法学界一直存在争议。有学者认为经济法本身没有独有的法律责任，而是借用民事责任、行政责任和刑事责任而已，或是上述三种责任的综合而已。[①] 也有相当一部分学者赞成经济法有独立的部门法性质的责任制度，但具体论证的标准和角度又不同。比如有学者提出了经济法责任的固有法律责任和援引法律责任[②]；有学者从经济法是一门独立的部门法学及其存在特有的责任形式等角度阐述经济法责任的独立性[③]；也有学者从经济法的可诉性及诉讼程序等角度阐述经济法责任的独立性。也有学者并不强调经济法有无独立的责任形式问题，而是从经济法的责任体系有无独特秉性的问题来阐述经济法责任的独立性等。笔者以为，将法律责任与部门法的独立性简单挂钩显然是错误的，法律责任应与其法律规范挂钩，新近产生的诸多部门法之所以没有独立的部门法性质的法律规范意义上的法律责任，比如经济法责任、劳动法责任、环境保护法律责任等，就在于这些部门法没有跳出传统的宪政法律规范、民事法律规范、行政法律规范和刑事法律规范等，缺乏自己独有的法律规范。经济法也不例外。尽管经济法仍有一些特殊的法律规范，比如产业政策、产品召回制度等，但均可以通过传统法律规范及其法律责任加以吸收和涵盖。[④] 因此，经济法没有自己独立的如同民事责任和刑事责任等部门法性质的法律规范意义上的法律责任。经济法责任是建立在传统法律责任基础上，是传统的违宪责任、行政责任、民事责任和刑事责任的综合。

企业国有资产监管是经济法中市场规制法的重要制度，界定清楚经济

---

① 李昌麒：《经济法教程》，法律出版社 1996 年版，第 117—129 页。

② 刘瑞复：《经济法原理》（第 2 版），北京大学出版社 2002 年版，第 36 页。

③ 张守文：《经济法理论的重构》，人民出版社 2004 年版，第 432 页。

④ 李昌庚：《回归自然的经济法原理》，知识产权出版社 2010 年版，第 239 页。

法责任，这是理解和把握企业国有资产监管法律责任的前提和基础。所谓企业国有资产监管法律责任，是指企业国有资产监管主体在监管过程中违反了企业国有资产监管法律法规所应当承担的法律责任。理解和把握企业国有资产监管法律责任，必须把握如下几点：①法律责任的主体限于企业国有资产监管主体，而不涉及被监管对象或其他；②法律责任与企业国有资产监管主体的监管权性质密切相关；③法律责任产生于“监管过程中”，没有监管，无从谈起企业国有资产监管法律责任；④法律责任是基于违反了企业国有资产监管法律法规，而不涉及与企业国有资产监管无关的其他法律法规。只有把握了上述四点，才能准确界定企业国有资产监管法律责任的范围，从而避免企业国有资产监管法律责任与其他部门法及相关主体的法律责任的混淆和误解。

既然企业国有资产监管法律责任属于经济法责任的重要组成部分，故企业国有资产监管法律责任是建立在传统法律责任基础上的。对于企业国有资产监管来说，除涉及传统的民事责任、刑事责任和行政责任外，还涉及违宪责任。

二　问题的提出：法律责任的缺失

（一）监管责任主体构建的缺失

从《企业国有资产法》和《暂行条例》等有关规定来看，监管主体的法律责任仅仅涉及履行出资人职责的机构（即国资委）、国家出资企业和有关中介机构等。由此可见，从中国现有的立法来看，企业国有资产监管法律责任制度的设计并没有从企业国有资产监管主体的整个体系来考量。企业国有资产监管法律责任从监管主体来划分，可以分为国家监管主体的法律责任、社会监管主体的法律责任和企业监管主体的法律责任。但这长期以来并未引起立法者的重视，问题的背后还涉及深层次的体制因素，此乃企业国有资产监管法律责任及其救济制度缺失的逻辑起因。

从国家监管主体来看，主要包括立法机关、行政机关和司法机关，其中行政机关包括国资委和其他行政机关。从《企业国有资产法》第 63 条、64 条、65 条的规定来看，国家监管主体还涉及立法机关和除国资委以外的其他行政机关，相比较《暂行条例》已是较大进步，但却未规定司法机关乃是立法之不足。国家监管主体的法律责任理应涉及立法机关、行政机关和司法机关的法律责任。但从中国《企业国有资产法》第 68 条、69 条的规定和《暂行条例》第 38 条的规定来看，仅仅规定了国资委的法律责任，但没有规定其他履行社会公共管理职能的行政机关的法律责任，也没有规定立法机关和司法机关的法律责任。基于司法机关的监管尚未在立法中予以体现，故未规定其相应的法律责任尚可理解，但对于立法机关和其他相关监管的行政机关的法律责任未加以规定实不应该。此乃诸多法律制度之通病，尤其是关于立法机关责任的缺失，理应值得反思。

从社会监管主体来看，主要包括政党、社会团体、新闻媒体、公民个人和市场利益相关者等。相应地，社会监管主体的法律责任涉及政党、社会团体、新闻媒体、公民个人和市场利益相关者等的法律责任。但从《企业国有资产法》来看，第 66 条笼统地规定了社会公众的监督，第 67 条只从国资委监督手段的角度提及社会中介机构，并没有专门谈及社会中介机构对企业国有资产的监管。相应地，《企业国有资产法》并没有充分意识到要从社会监管主体的视野设计法律责任，仅在第 72 条规定了关联交易问题，实际上涉及市场竞争利益相关者的法律责任，以及在第 74 条规定了资产评估机构、会计师事务所、审计事务所等社会中介机构的法律责任。而《暂行条例》对此就没有规定。即使关于社会中介机构责任的规定也涵盖不全，比如《企业国有资产法》第 74 条就没有涵盖律师事务所。但毋庸置疑，国家出资企业涉及国有控股公司或国有参股公司上市等情形必然关系到律师事务所，而在事实中律师事务所等社会中介机构失职而致国有资产流失的现象并非少见，故有必要加以规定。很显然，中国现有立法对社会监管主体的法律责任严重缺失。当然，或许有人认为，社会监管主体所涉及的法律责任很多涉及宪政问题，而且可以在相关部门法中找到法律依据，在此无须规定。但笔者以为，为了强化企业国有资产监管法律责任体系的构建，以此加强企业国有资产监管的责任追究，有必要在《企业国有资产法》等相关法律法规以及将来条件成熟时拟制定的《国有资产监管法》中对社会监管主体的法律责任加以明确规定。

从企业监管主体来看，由于企业监管是企业治理结构问题，企业监管成效是通过国家出资企业的出资人制度或股东（大）会、董事会、经理层和监事会等形成的，所以，严格来说，就不存在所谓的企业监管主体说法。笔者之所以这样称呼，是相对于国家监管主体和社会监管主体而言的，为了便于表述需要而已。如果涉及企业监管主体的法律责任，主要涉及国家出资企业的出资人或股东、监事以及董事、经理等高级管理人员的法律责任。虽然，从企业国有资产监管主体角度来看，谈不上严格意义上的企业监管主体，但从企业国有资产监管法律责任体系构建来看，为了加强企业国有资产监管的责任追究，则在《企业国有资产法》等相关法律法规以及将来条件成熟时拟制定的《国有资产监管法》中应当对此做出明确而详细的规定。当然，也有学者认为，《公司法》等相关法律法规对此做了详细规定，因而无须再加以规定。笔者以为，国家出资企业不能完全适用《公司法》等相关法律法规，尤其其中的国有独资企业、国有独资公司等在条件成熟时，理应通过"一特一法"或"一类一法"的模式单独立法。至少中国目前的《企业国有资产法》等相关法律法规对此要做出明确规定。从中国现有立法来看，虽然《企业国有资产法》第 70 条、71 条和 73 条以及《暂行条例》第 40 条、41 条等对此做了规定，但上述规定仍比较粗浅，法律责任主体及其法律责任没有细化，缺乏可操作性，还有待于进一步立法完善。

（二）监管责任形态构建的缺失

1. 违宪责任的缺失

基于企业国有资产的国家所有权属性，以及国家监管主体和社会监管主体的监管权性质等因素，决定了违宪责任在企业国有资产监管法律责任中存在的可能性。从国家监管主体来看，无论立法机关、行政机关还是司法机关在企业国有资产监管过程中均有可能违反宪法性规范而承担相应的违宪责任。比如人大怠于或越权审批国有资本经营预算、国资委背离国家出资人的监管职能而代行政府的社会公共管理职能、司法机关对企业国有资产监管的案件司法解释不当或存在司法越权等。从社会监管主体来看，无论执政党、各民主党派、社会团体、新闻媒体、公民个人还是市场利益相关者等在企业国有资产监管中，行使宪法所赋予的权利时，一旦违反了宪法性规范，理应承担相应的违宪责任。社会监管主体相比较国家监管主体而言，违宪责任的可能性较小。在中国，执政党相比较民主党派和其他，违宪责任的可能性较大。比如：在企业国有资产监管中，执政党行使宪法权利时，党政不分，以党的私权利代行公权力，越权干预国家机关的监管权力，就是一种违宪责任。从企业监管主体来看，由于是企业内部治理结构问题，一般只涉及行政责任、民事责任和刑事责任，而不涉及违宪责任。

然而，由于监管责任主体构建的缺失，尤其立法机关、司法机关及社会公众等相关监管主体制度构建的缺失，而致监管责任形态构建的严重缺失，尤其是违宪责任的缺失。从《企业国有资产法》和《暂行条例》等相关条文规定来看，只字未提“违宪责任”，仅仅规定了国资委及其工作人员的行政责任和刑事责任，以及社会中介机构的民事责任、行政责任和刑事责任。其实，就国有资产监管制度而言，违宪责任恰恰是核心所在，也就不难理解在中国凡是涉及公权力或公务为何问题层出不穷而难以制约的缘故。不用说立法者对此没有给予任何的关注，即使学界也是如此。姑且不论学界很少提及企业国有资产监管法律责任问题，即使偶有学者提及企业国有资产监管法律责任，虽然也提到违宪责任，但仅是从法律责任的一般原理而论，而非针对企业国有资产监管法律责任；针对企业国有资产监管法律责任，仅是现有立法条文的解释，未涉及任何违宪责任的质疑乃至相应的扩充性解释。

2. 行政责任、民事责任和刑事责任规定的不足

由于监管责任主体构建的缺失，而致诸多监管主体法律责任规定的缺失。具体而言：

首先，从国家监管主体来看，《企业国有资产法》第 68 条、69 条主要规定了国资委的行政责任。比如国资委及其主管人员不按照法定的任职条件任命或者建议任命国家出资企业管理者的；国资委及其主管人员侵占、截留、挪用国家出资企业的资金或者应当上缴的国有资本收入的等。即使关于国资委法律责任的规定也是远远不够的，没有解决国资监管机构特别是地方国资监管机构与国有资产运营机构或国有企业合谋掏空国有资产的责任问题。①

由于国家监管主体涉及立法机关、行政机关和司法机关，但现有立法仅涉及国资委及其工作人员的法律责任，而未曾考虑到立法机关和司法机

① 顾功耘等：《国有经济法论》，北京大学出版社 2006 年版，第 93 页。

关的法律责任。从行政责任来看，虽然行政责任一般限于行政机关，对于立法机关和司法机关一般不会涉及行政责任，但不排除存有特例。比如立法机关和司法机关涉及企业国有资产监管时违反行政法律法规可能面临行政机关的处罚等。这恰是一种权力分工与相互制衡在国有资产监管制度中的体现，也恰是中国所缺乏的。

从民事责任来看，在企业国有资产监管中，立法机关、行政机关和司法机关不存在所谓的民事责任，但立法者未从整个监管主体的视野加以阐明清楚。有学者认为，鉴于企业国有资产的国家所有权属性，人大、国务院和国资委之间就企业国有资产来看存在着委托代理关系。从民法理论来看，代理人对于委托人负有忠实义务、勤勉义务、注意义务、报告义务和保密义务等。[①] 在企业国有资产监管中，国资委作为国家出资企业的出资人代表机构，处于代理人地位，理应遵守民法中的代理义务。国资委一旦违反民法代理义务，应当承担相应的民事甚至刑事责任。[②] 笔者以为，国资委及其主管人员存在刑事责任则是有可能的，但不存在所谓的民事责任。国资委的上述代理行为，虽要遵守民法中的代理义务，但国资委从中国目前来看是政府直属特设行政机构，其代理行为即出资人职能行为属于履行行政职权的表现，而不同于一般股东权利，因而国资委对其代理行为承担的是行政责任，而不是民事责任。比如国资委怠于行使出资人监管职能，致使国有资产流失的；国资委行使出资人监管职能不当，致使被监管对象遭受损失的，国资委均要承担相应的行政责任。至于给被监管者造成损失的，则涉及行政责任中的国家赔偿责任，而非民事赔偿责任。

其次，从社会监管主体来看，由于执政党、各民主党派、社会团体、新闻媒体、公民个人和市场利益相关者作为企业国有资产监管的主体，而非被监管对象，难以成为行政相对人，因而社会监管主体承担行政责任的相对较少。但也有特例。比如根据《企业国有资产法》第 74 条的规定："接受委托对国家出资企业进行资产评估、财务审计的资产评估机构、会计师事务所违反法律、行政法规的规定和执业准则，出具虚假的资产评估报告或者审计报告的，依照有关法律、行政法规的规定追究法律责任。"

---

① 江平主编：《民法学》，中国政法大学出版社 2000 年版，第 262 页。

② 顾功耘等：《国有经济法论》，北京大学出版社 2006 年版，第 94 页。

这种法律责任就涉及行政责任。同样，在企业国有资产监管中，无论执政党、各民主党派、社会团体、新闻媒体、公民个人还是市场利益相关者等均有可能涉及相应的民事责任和刑事责任。比如新闻媒体、公民个人在发挥舆论监督时，有可能涉嫌侵犯国家出资企业的商业秘密权和名誉权等，就要承担相应的民事责任；资产评估机构对国家出资企业进行资产评估时，出具虚假评估报告或评估报告存在重大失误，给企业造成了损失，除了要追究资产评估机构的行政责任外，还要追究国家出资企业的民事责任；新闻媒体或公民个人在发挥舆论监督时，侵犯国家出资企业商业秘密情节严重时，涉嫌侵犯商业秘密罪，应当承担相应的刑事责任等。但现有立法由于未曾考虑执政党、各民主党派、社会团体、新闻媒体、公民个人和市场利益相关者等的监管法律责任，仅在《企业国有资产法》和《暂行条例》等中做了一些笼统规定，更未足以阐明和涵盖相关兜底性条款。

再次，从企业监管主体来看，国家出资企业的出资人或股东、监事以及董事、经理等高级管理人员涉及民事责任和刑事责任不成问题，现有立法对此也做了相应的规定。但关于企业监管主体的行政责任存有争议，也未引起立法者关注。不可否认，企业监管主体一般较少涉及行政责任，但董事、监事和经理等涉及行政公务身份时，则可能涉及行政责任，尤其在中国国家出资企业的语境下。比如国家根据相关法律法规和企业章程规定的程序委派到国家出资企业的董事、监事等高级管理人员，由于他们本身还具有行政公务身份，如果他们滥用职权、玩忽职守等，造成国有资产损失的，就要受到国资委等行政主管部门的行政处分，追究其相应的行政责任。对此，现有立法规定存在不足。

三 解决问题的对策：法律责任与司法体制的对话

“徒法不足以自行。”有法律，必有责任；有责任，必有救济。然而，由于企业国有资产监管法律责任的缺失，尤其是违宪责任的缺位，加以国民习惯于权力关系的历史文化传统等体制性因素，从而使中国的救济制度尤其是司法救济制度一直成为“软肋”，诸如违宪审查程序和公益诉讼制度的缺位、私益诉讼保障之不足等。在这种权力关系网络中，行政权力进一步压缩了立法权和司法权的生存空间，并使立法权和司法权发生异化。

具体到企业国有资产监管而言，国家所有权异化、监管不力、国资流失在所难免。因此，在重新界定国家所有权在市场边界即国企市场定位的基础上，当务之急是重构企业国有资产监管的法律责任，以此寻求有效的救济途径尤其是司法救济途径，有效衔接“法律责任”与“司法体制”的对话空白。此乃依法治国之精髓。

（一）企业国有资产监管法律责任的重构

首先，基于企业国有资产的国家所有权的公权力属性以及监管主体的性质，违宪问题乃是企业国有资产监管的一个非常重要的问题。因此，在企业国有资产监管立法体系中，亟须构建违宪责任，尤其是立法机关、行政机关、司法机关和执政党等。或许有人认为，违宪责任问题理应纳入宪法范畴，而非《企业国有资产法》乃至经济法体系所能解决。固然有其合理性，但照此逻辑推理，民事责任、刑事责任及行政责任也不应纳入其中。既然立法中规定“法律责任”，理应涵盖所有尽可能出现的法律责任形态乃至兜底性条款，以免挂一漏万。诸多法律制度法律责任之规定全面，既是立法层面的需要，也是借此将“责任”问题推向社会，以尽可能启动一系列改革，推动问题之解决。

其次，《企业国有资产法》等相关法律法规乃至以后条件成熟时待制定的《国有资产监管法》等在涉及“法律责任”部分理应根据监管主体加以“责任”立法，包括但不限于国家监管主体、社会监管主体及企业监管主体法律责任之立法设计，并加以监管主体责任之细化，以尽可能涵盖所有可能出现的法律责任问题。同时，对哪些监管主体具有哪些法律责任、不具有哪些法律责任等也加以明确和细化，以便一目了然。比如国家监管主体具有违宪责任、行政责任和刑事责任，但不具有民事责任等。若此，从而使法律责任之追究具有较强的可操作性，即便有体制层面的障碍，也往往能使问题跃然于法条上，有助于推动深层次改革。此乃是诸多法律制度之立法趋势。

再次，对《企业国有资产法》等相关法律法规关于行政责任、民事责任和刑事责任之规定加以修改和补充，并尽可能体现企业国有资产法暨经济法责任在某些方面的特殊性。一方面，无论国家监管主体尤其是国资委还是国家出资企业，除了涉及个人责任以外，往往存在单位违法的情形，包括但不限于其中的单位犯罪。而这种“单位”主体的背后无不涉及国家公权力，如若适用一般意义上的单位违法处置，采取简单的“双罚制”，则必然将诸多责任转嫁于社会全体纳税人，有失公允。因此，企业国有资产监管中的单位违法更多地采用“代罚制”，以强化对公务责任人员的追究，以达“问责”之目的。另一方面，鉴于国家出资企业的特殊性，要注意《企业国有资产法》与《公司法》等相关法律法规之衔接，包括法律责任问题，以避免冲突。国家出资企业的诸多高级管理人员往往具有身份的多重性，从而决定了法律责任之多重性。比如《企业国有资产法》第70条之规定，履行出资人职责的机构所委派股东代表的法律责任既有可能涉及民事赔偿责任，也有可能涉及行政责任。

（二）法律责任与救济制度的有效对接

在此基础上，企业国有资产监管法律责任的救济制度也涉及行政救济和司法救济。行政救济是通过行政机关解决争议，一般针对行政责任，也有可能涉及民事责任，主要通过行政复议、行政仲裁和行政裁决等方式。当然，行政救济往往并非是最终救济结果，比如对行政复议不服，可以向法院提起行政诉讼。[①] 这种行政救济并非是简单的行政权力解决争议的方式，它不同于传统的行政干预司法，而是建立在法治轨道上以弥补司法救济之不足而设计的一项救济制度。司法救济是通过司法机关解决争议，主要针对违宪责任、行政责任、民事责任和刑事责任。司法救济是解决争议的最后一道防线。因而，司法救济是否公正直接关系到社会的公平正义。

（1）行政救济程序。常有人认为，行政救济仅仅针对行政责任，采取行政复议的方式。其实不然。行政救济不仅针对行政责任，还有可能涉及民事责任；不仅采取行政复议的方式，还有可能采取行政仲裁和行政裁决的方式。比如：针对与行政事项密切相关的特定的民事争议，可以通过行政机关行政裁决的方式加以解决。当然，对行政裁决不服，既可以针对行政裁决提起行政诉讼，也可以就民事争议另行提起民事诉讼。再如：针

---

① 当然，有些特殊的行政复议采取行政复议终局的方式，对行政复议不服，不允许再向法院提起诉讼。这种情形很少，比如海关争议的行政案件。

对劳动争议的案件，应当先通过劳动部门进行劳动仲裁，对行政仲裁不服，再另行向法院提起诉讼。但对于企业国有资产监管发生的争议，从行政救济来看，一般不存在行政仲裁和行政裁决等情形，只有行政复议的情形。

所谓行政复议，是指行政相对人对行政主体做出的具体行政行为不服，向有权机关提出复议寻求解决争议的一种方式。在国家监管主体中，立法机关和司法机关不存在行政复议情形，但对于国资委和其他政府职能部门在行使监管职权时，可能存在行政复议的情形。此时，被监管对象往往是提起复议的行政相对人，而国资委或其他政府职能部门往往是被提起复议的行政主体。在社会监管主体中，一般较少有行政责任及其行政复议情形。但根据《企业国有资产法》第 74 条的规定，资产评估机构或会计师事务所、审计事务所等社会中介机构如果违反行政法律法规做出虚假的评估报告等，政府主管部门可能会对此追究其行政责任。此时，这些社会中介机构成为提起复议的行政相对人，追究其行政责任的相关政府主管部门则成为被复议的行政主体。在企业监管主体中，一般也较少涉及行政责任及其行政复议情形。但如果国家根据相关法律法规和企业章程规定的程序委派到国家出资企业的董事、监事等高级管理人员，由于他们本身还具有行政公务身份，一旦他们违反了行政法律法规，国资委等行政主管部门就要追究其相应的行政责任。此时，受国家委派具有行政公务身份的企业高级管理人员则成为提起复议的行政相对人，而国资委等行政主管部门则成为被复议的行政主体。

对于企业国有资产监管案件来说，一般不存在行政复议终局的情形。但行政复议不服，一般均可以向法院提起行政诉讼。至于行政复议的具体程序则遵循行政法的基本原理，在此不再详叙。

（2）司法救济程序。前已述及，经济法学界一直对有无独立的部门法性质的经济法责任存有争议，就必然存在着有无独立的经济法诉讼程序的争议。有的学者认为，经济法责任具有独立性，因而就有独立的经济法诉讼程序。但更多学者并没有从经济法责任的角度，而多从经济法的独立性、公益诉讼等方面加以论证经济法诉讼程序的独立性。有些学者认为，“经济法如果只能借助民法和行政法的适用途径和程序，那么，就很难在理论上证明经济法的独立性”[①]。并从公益诉讼的角度把公益经济诉讼作为经济诉讼制度，并以此构建独立的经济诉讼程序及其诉讼制度。[②] 也有其他学者表达了类似观点，提出建立不同于传统的三大诉讼的专门经济诉讼制度。[③] 笔者以为，经济法的独立性与有无独立的经济法诉讼程序并没有必然联系；公益诉讼制度不仅限于经济法，在其他任何部门法中均存在公益诉讼问题。不能因为经济法的公益诉讼制度，就视为可以构建独立的经济法诉讼程序。不同的法律责任，对应着不同的司法救济程序。既然无独立的部门法性质的经济法责任，就没有必要建立独立的经济法诉讼程序。

企业国有资产监管法律责任是经济法责任中的重要组成部分，因此，企业国有资产监管法律责任的救济也不存在独立的经济法诉讼程序问题。企业国有资产监管法律责任包括违宪责任、行政责任、民事责任和刑事责任。因而，相应的司法救济程序包括违宪审查程序、行政诉讼程序、民事诉讼程序和刑事诉讼程序。而且，企业国有资产的国家所有权属性决定了涉及企业国有资产的案件更多地具有公益诉讼的性质。长期以来，包括企业国有资产监管在内的经济法具体制度之所以缺乏可诉性，问题不在于经济法没有独立的诉讼程序，而在于中国缺乏违宪审查程序、公益诉讼制度以及私益诉讼制度的司法保障不足。

因此，如何完善企业国有资产监管法律责任的司法救济程序？首先，加快体制改革，尽快构建违宪审查程序。关于违宪审查问题，目前世界各国有不同的做法。有的国家设立独立的专门的宪法法院；有的国家设立宪法委员会；有的国家则通过普通的法院审理；有的国家则通过议会下设机构审查等。但不管如何，世界上许多国家均已经建立了违宪审查程序。然而，虽然中国人大有违宪审查权，但至今尚未有独立而专门的违宪审查程序，理应值得反思。因此，为了解决包括企业国有资产监管在内的违宪责任，当务之急是亟须构建违宪审查程序。从中国来看，现阶段可以从立法

① 颜运秋：《公益诉讼理念研究》，中国检察出版社 2002 年版，第 336 页。

② 同上书，第 344 页。

③ 韩志红、阮大强：《新型诉讼——经济公益诉讼的理论与实践》，法律出版社 1999 年版，第 49 页。

上赋予最高人民法院违宪审查的权限，但从长远来看，有必要建立专门的宪法法院或宪法委员会，既是中国宪法实施监督及其民主法治的要求，也是适应企业国有资产涉及违宪案件审查的需要，从而从宪政的高度加强企业国有资产监管。

其次，在完善现有的三大诉讼程序的基础上，结合未来拟将构建的违宪审查程序，加快公益诉讼制度的建设。无论行政诉讼、民事诉讼、刑事诉讼以及违宪审查程序，均存在公益诉讼问题。虽然中国传统诉讼制度中也存有公益诉讼制度，比如刑事公诉制度等，但中国公益诉讼制度远不及发达国家。从企业国有资产监管来看，虽然赋予了出资人代表机构的股东诉讼权利，但由于产权属性导致出资人代表机构缺乏利益驱动机制寻求诉讼救济，因而尤其要建立公益诉讼制度。具体的做法就是：一方面，要扩大原告主体资格的范围。比如：涉及国有资产侵权案件，可以扩大到有关国家机关（如检察机关、国资部门等）、法人团体和公民个人均可提出侵权的民事诉讼。另一方面，通过当事人和律师的利益激励机制如原告诉讼成本的补偿、原告胜诉的奖励制度和律师胜诉取酬制度等，来激发法人团体和公民个人起诉的积极性。

再次，加快司法体制改革，保障司法独立，进一步完善私益诉讼的司法保障制度。长期以来，很多人不愿意打官司，除了维权意识的薄弱外，其中一个很大的因素就是由于司法腐败导致维权成本过高。而这种现象进一步助长了企业国有资产监管中的漏洞，以及国有资产流失。因此，除了违宪审查程序和公益诉讼制度的构建以外，完善现有的民事诉讼、行政诉讼和刑事诉讼的私益诉讼的司法保障，则是解决企业国有资产监管法律责任救济的基础环节。

第八章

结束语

基于国家所有权的公权力属性，企业国有资产兼具市场失灵和政府失灵的双重压力，决定了企业国有资产监管的必要性。监管成效如何取决于国家的公权力与市场的私权利之间的博弈与平衡。故监管成效取决于企业国有资产的市场定位，即企业国有资产主要功能在于弥补市场失灵，服务市民社会的培育与发展，更好地实现民主宪政体制。

本书从市场规制法视角，解读了企业国有资产监管问题。企业国有资产监管权作为一种综合性的权力及权利束，不仅源于国家的立法权、行政权和司法权，而且还源于社会的私权利以及企业的股东权利及企业内部治理权。公权力与私权利的博弈与较量，决定了企业国有资产监管权如何配置，进而关系到监管成效问题。监管权配置的价值理念及其设计思路直接关系到企业国有资产监管模式的提炼与选择。在此基础上，分析并归纳了国外企业国有资产监管模式的不同种类及可资借鉴的经验，以及我国企业国有资产监管模式的现状。我国企业国有资产监管模式法律构建的逻辑前提在于：国家所有权与企业国有资产监管模式的选择；中国社会转型时期与企业国有资产监管模式的选择；国外企业国有资产监管经验与企业国有资产监管模式的选择。在此基础上，我国企业国有资产监管模式的法律构建应当分层次加以推进：国家监管、社会监管和企业监管并重，强化社会监管；立法监管、行政监管与司法监管并重，强化立法监管；专职监管部门与其他职能部门协调监管。最后，阐述了企业国有资产监管的法律责任及救济制度。企业国有资产的国家所有权属性以及监管的公权力因素决定了问责制的必要性与紧迫性。除了传统的民事诉讼、行政诉讼和刑事诉讼，违宪审查程序和公益诉讼制度理应成为企业国有资产监管法律责任及救济制度构建的当务之急！

本书试图突破“国家所有权神话”，理性看待企业国有资产监管；试图突破《企业国有资产法》的限制，正确认识企业国有资产出资人，反思与重构国有企业的出资人制度；试图构建对监管主体加以监管的法律制度以及企业国有资产监管法律责任及其救济制度；试图构建完整的企业国有资产监管法律体系，为国有资产监管立法提出建议和对策等，既有助于完善经济法理论体系，也有助于企业国有资产监管的实践。

本书认为，现有的《企业国有资产法》以及《企业国有资产监督管理暂行条例》等不足以解决企业国有资产监管问题。即使我国将来拟定专门的《国有财产法》，也不能完全解决企业国有资产监管问题。为此，应当考虑为国有资产监管专门立法。鉴于企业国有资产与其他国有资产在监管方面存在诸多共性，以及考虑法制的完整性与统一性，不必制定单一的《企业国有资产监管法》，而应当制定统一的《国有资产监管法》。鉴于中国国情，国有资产监管的立法思路应当突破公私法及其公私权绝对分野的界限，也应打破部门法划分的僵化思维，融合国家监管的公权力与社会监管的私权利于一体，整合国家与社会的一切资源，制定系统统一的《国有资产监管法》，既能提高国有资产监管的法律实施成效，也能借此推动我国的民主宪政建设。①

在国有资产监管立法中，首先，对包括企业国有资产监管、行政事业性国有资产监管和资源性国有资产监管等在内的共性问题做出一般性规定，包括但不限于立法指导思想、基本原则、基本监管体制等。其次，考虑到企业国有资产、行政事业性国有资产和资源性国有资产的差异性，进行分章立法规定。其中，就企业国有资产监管而言，立法内容主要包括如下几个方面：①企业国有资产的概念及其范围界定，明确企业国有资产在市场的边界，这是企业国有资产监管立法的前提；②企业国有资产的监管主体及其监管权；③企业国有资产的监管模式；④融国家公权力、社会私权利和企业治理权为一体，进行国家监管、社会监管和企业监管的具体规定；⑤企业国有资产监管的再监管制度设计等。最后，对包括企业国有资产监管、行政事业性国有资产监管和资源性国有资产监管等在内的法律责

---

① 这种立法思路也应成为我国其他各项立法的发展趋势。

任及其救济制度加以明确的立法规定。

拟将制定的《国有资产监管法》还要考虑与相关法律法规的协调配合与衔接问题，比如与《企业国有资产法》或拟将考虑制定的《国有财产法》等。一旦《国有资产监管法》出台，建议废除《企业国有资产监督管理暂行条例》。除此以外，国有资产监管立法还要考虑两个特殊问题：①随着社会经济的发展，非金融性国有企业与金融性国有企业存在着业务交叉的发展趋势，从而给国有资产监管带来了一些新的挑战。因此，国有资产监管立法还要考虑到与金融监管立法的衔接与配合问题。②鉴于包括境外企业国有资产在内的境外国有资产监管的难点及其特殊性，国有资产监管立法应当充分考虑到包括境外企业国有资产在内的境外国有资产监管的特殊性，并加以明确规定。

参考文献

[1]《马克思恩格斯全集》第1卷，人民出版社1972年版。

[2]［德］G. 平特纳：《德国行政法》，朱林译，中国政法大学出版社1999年版。

[3]［法］孟德斯鸠：《论法的精神》上、下册，张雁深译，商务印书馆1961年版。

[4]［美］博登海默：《法理学——法哲学及其方法》，邓正来译，中国政法大学出版社1999年版。

[5]［美］詹姆斯·布坎南：《自由、市场与国家——80年代的政治经济学》，桑伍、曾获、吴良健译，北京经济学院出版社1988年版。

[6]［美］詹姆斯·布坎南：《自由、市场与国家——80年代的政治经济学》，平新乔、莫扶民译，上海三联书店1989年版。

[7]［美］理查德·波斯纳：《法律的经济分析》上，蒋兆康译，林毅夫校，中国大百科全书出版社1997年版。

[8]［美］A. 爱伦·斯密德：《财产、权力和公共选择——对法和经济学的进一步思考》，上海三联书店1999年版。

[9]［美］查尔斯·沃尔沃：《市场或政府》，中国发展出版社1994年版。

[10]［美］克里斯特曼：《财产的神话——走向平等主义的所有权理论》，张绍宗译，广西师范大学出版社2004年版。

[11]［美］斯蒂芬·芒泽：《财产理论》，彭诚信译，北京大学出版社2006年版。

[12]［美］施蒂格勒：《产业组织与政府管制》，潘振民译，上海三联书店1989年版。

[13]［美］施蒂格勒：《产业组织和政府监管》，潘振民译，上海三联书

店、上海人民出版社 1996 年版。

[14] [美] 亨利·汉斯曼:《企业所有权论》,于静译,中国政法大学出版社 2001 年版。

[15] [美] 斯蒂尔曼:《公共行政学》上、下册,中国社会科学出版社 1988 年版。

[16] [英] 马歇尔:《经济学原理》,廉运杰等译,商务印书馆 2005 年版。

[17] [英] 凯恩斯:《就业、利息和货币通论》,魏埙译,陕西人民出版社 2004 年版。

[18] [英] Y. 巴泽尔:《产权的经济分析》,费方域、段毅才译,上海三联书店、上海人民出版社 1997 年版。

[19] [英] 戴维·M. 沃克主编:《牛津法律大辞典》,北京社会与科技发展研究所组织编译,光明日报出版社 1989 年版。

[20] [英] 布莱克斯通:《英国法释义》第 1 卷,游云庭、缪苗译,上海人民出版社 2006 年版。

[21] [英] F. H. 劳森、B. 拉登:《财产法》,施天涛等译,中国大百科全书出版社 1998 年版。

[22] [英] 约翰·斯科特:《公司经营与资本家阶级》,张峰译,重庆出版社 2002 年版。

[23] [英] 斯科特·R. 鲍曼:《现代公司与美国的政治思想》,李存捧译,重庆出版社 2002 年版。

[24] [日] 金泽良雄:《经济法概论》,满达人译,甘肃人民出版社 1985 年版。

[25] [日] 植草益:《微观规制经济学》,中国发展出版社 1992 年版。

[26] [日] 青木昌彦、[美] 休·帕特里克主编:《日本主银行体制》,张橹等译,中国金融出版社 1998 年版。

[27] [德] 沃尔夫冈·费肯杰:《经济法》第 2 卷,张世明译,中国民主法制出版社 2010 年版。

[28] 世界银行编:《官办企业问题研究:国有企业改革的经济学和政治学》,中国财政经济出版社 1997 年版。

[29] 经济合作与发展组织:《OECD 国有企业公司治理指引》,李兆熙译,中国财政经济出版社 2005 年版。

[30] 蔡定剑:《中国人大制度》，社会科学文献出版社 1992 年版。

[31] 曹均伟、李南山:《探索国资监管的创新之路》，上海财经大学出版社 2005 年版。

[32] 樊纲:《金融发展与企业改革》，经济科学出版社 2000 年版。

[33] 甘培忠:《企业与公司法学》（第 3 版），北京大学出版社 2004 年版。

[34] 郭复初等:《完善国有资产管理体制问题研究》，西南财经大学出版社 2008 年版。

[35] 郭广辉、王利军:《我国所有权制度的变迁与重构》，中国检察出版社 2005 年版。

[36] 郭洁:《中国自然垄断产业规制权法律控制绩效研究》，经济科学出版社 2008 年版。

[37] 顾功耘等:《国有经济法论》，北京大学出版社 2006 年版。

[38] 国务院国有资产监督管理委员会研究室编:《探索与研究:国有资产监管和国有企业改革研究报告》，中国经济出版社 2006 年版。

[39] 何增科主编:《公民社会与社会团体》，社会科学文献出版社 2000 年版。

[40] 韩志红、阮大强:《新型诉讼——经济公益诉讼的理论与实践》，法律出版社 1999 年版。

[41] 胡建淼:《行政法学》，法律出版社 1998 年版。

[42] 江平:《法人制度论》，中国政法大学出版社 1994 年版。

[43] 江平主编:《民法学》，中国政法大学出版社 2000 年版。

[44] 蒋大兴:《公司法的展开与评判——方法、判例、制度》，法律出版社 2001 年版。

[45] 李昌庚:《回归自然的经济法原理》，知识产权出版社 2010 年版。

[46] 李昌麒主编:《经济法学》，中国政法大学出版社 2002 年版。

[47] 李昌麒:《经济法教程》，法律出版社 1996 年版。

[48] 李维安等:《现代公司治理研究》，中国人民大学出版社 2002 年版。

[49] 厉以宁:《经济学的伦理问题》，生活·读书·新知三联书店 1995 年版。

[50] 林伯海:《人民代表大会监督制度的分析与构建》，中国社会科学出

版社 2004 年版。

[51] 林毅夫、蔡昉、李周：《充分信息与国有企业改革》，上海三联书店、上海人民出版社 1997 年版。

[52] 刘大洪主编：《经济法学》，北京大学出版社 2007 年版。

[53] 刘瑞复：《经济法原理》（第 2 版），北京大学出版社 2002 年版。

[54] 刘玉平主编：《国有资产管理》，中国人民大学出版社 2008 年版。

[55] 刘玉平主编：《国有资产管理》（第 3 版），中国人民大学出版社 2016 年版。

[56] 卢代富：《企业社会责任的经济学与法学分析》，法律出版社 2002 年版。

[57] 吕忠梅、陈虹：《经济法原论》，法律出版社 2007 年版。

[58] 罗红波、戎殿新：《西欧公有企业大变革》，对外经济贸易大学出版社 2000 年版。

[59] 罗豪才主编：《行政法学》，北京大学出版社 2001 年版。

[60] 梅夏英：《物权法、所有权》，中国法制出版社 2005 年版。

[61] 潘静成、刘文华：《经济法》（第 2 版），中国人民大学出版社 1999 年版。

[62] 漆多俊主编：《经济法学》，高等教育出版社 2003 年版。

[63] 漆多俊主编：《国有企业股份公司改组法律问题研究》，中国方正出版社 2003 年版。

[64]《企业国有资产监督管理暂行条例》起草小组编著：《〈企业国有资产监督管理暂行条例〉释义》，中国法制出版社 2003 年版。

[65] 钱津：《特殊法人——公营企业研究》，社会科学文献出版社 2000 年版。

[66] 屈茂辉：《中国国有资产法研究》，人民法院出版社 2002 年版。

[67] 佟柔主编：《民法原理》（修订本），法律出版社 1986 年版。

[68] 沈志渔、罗仲伟等：《21 世纪初国有企业发展和改革》，经济管理出版社 2005 年版。

[69] 施天涛：《公司法论》（第 2 版），法律出版社 2006 年版。

[70] 史际春：《国有企业法论》，中国法制出版社 1997 年版。

[71] 史际春、邓峰：《经济法总论》（第 2 版），法律出版社 2008 年版。

[72] 史树林、庞华玲等：《国有资产法研究》，中国财政经济出版社2003年版。
[73] 史际春等：《企业国有资产法理解与适用》，中国法制出版社2009年版。
[74] 史忠良等：《国有资产管理体制改革新探》，经济管理出版社2002年版。
[75] 童子伟：《法权与宪政》，山东人民出版社2001年版。
[76] 王凤生：《中国国营企业改革之探索》，社会科学文献出版社2001年版。
[77] 王金存：《破解难题——世界国有企业比较研究》，华东师范大学出版社1999年版。
[78] 王俊豪：《中国政府管制体制改革研究》，经济科学出版社1999年版。
[79] 王利明：《国家所有权研究》，中国人民大学出版社1991年版。
[80] 王卫国、李东方主编：《经济法学》，中国政法大学出版社2008年版。
[81] 王全兴：《经济法基础理论》，中国检察出版社2002年版。
[82] 王远明、蒋安：《国有企业改革的经济法视野》，中国人民公安大学出版社2001年版。
[83] 魏杰：《构建新的国有资产管理体制》，江苏人民出版社1998年版。
[84] 伍柏麟、席春迎：《西方国有经济研究》，高等教育出版社1997年版。
[85] 吴弘、胡伟：《市场监管法论》，北京大学出版社2006年版。
[86] 吴敬琏：《现代公司与企业改革》，天津人民出版社1994年版。
[87] 席月民：《国有资产信托法研究》，中国法制出版社2008年版。
[88] 萧超然、晓韦主编：《当代中国政党制度论纲》，黑龙江人民出版社2000年版。
[89] 谢次昌：《国有资产法》，法律出版社1997年版。
[90] 谢平、蔡浩仪：《金融经营模式及监管体制研究》，中国金融出版社2003年版。
[91] 徐晓松等：《国有企业治理法律问题研究》，中国政法大学出版社

2006 年版。
[92] 许崇德主编:《宪法》,中国人民大学出版社 1999 年版。
[93] 颜运秋:《公益诉讼理念研究》,中国检察出版社 2002 年版。
[94] 颜运秋:《公益经济诉讼:经济法诉讼体系的构建》,法律出版社 2008 年版。
[95] 杨文:《国有资产的法经济分析》,知识产权出版社 2006 年版。
[96] 张德霖:《产权:国有企业改革与国有资产监管》,中国财政经济出版社 1993 年版。
[97] 张景瀚、张明之、王维:《从经营国有企业到管理国有企业》,社会科学文献出版社 2005 年版。
[98] 张建文:《转型时期的国家所有权问题研究:面向公共所有权的思考》,法律出版社 2008 年版。
[99] 张千帆:《西方宪政体系》上、下册,中国政法大学出版社 2001 年版。
[100] 杨松:《国际货币基金协定研究》,法律出版社 2000 年版。
[101] 张守文主编:《经济法学》,北京大学出版社 2006 年版。
[102] 张先治:《国有资本管理、监督与营运机制研究》,中国财政经济出版社 2001 年版。
[103] 赵旭东:《公司法学》(第 2 版),高等教育出版社 2006 年版。
[104] 赵廉慧:《财产权的概念——从契约的视角分析》,知识产权出版社 2005 年版。
[105] 赵锡军:《论证券监管》,中国人民大学出版社 2000 年版。
[106] 中国社会科学院语言研究所词典编辑室编:《现代汉语词典》(修订本),商务印书馆 1996 年版。
[107] 周其仁:《产权与制度变迁》,社会科学文献出版社 2002 年版。
[108] 周天勇:《现代国有资产管理新模式》,中国财政经济出版社 2003 年版。
[109] 周绍朋等:《新世纪的国有企业改革与国有资产管理体制研究》,中国人民大学出版社 2006 年版。
[110] 周永坤:《宪政与权力》,山东人民出版社 2008 年版。
[111] 朱崇实主编:《经济法》,厦门大学出版社 1998 年版。

[112] 朱景文主编:《法理学》,中国人民大学出版社 2008 年版。
[113] 陈雄根:《国有资产监管法律制度研究》,中国经济出版社 2012 年版。
[114] 高雅丽:《理论探索与问题研究——国有企业改革与国有资产监管工作成果汇编》,知识产权出版社 2016 年版。
[115] 国务院国有资产监督管理委员会研究中心:《做优做强、世界一流:中央企业改革发展新目标》,中国经济出版社 2012 年版。
[116] 李曙光:《国有资产法律保护机制研究》,经济科学出版社 2015 年版。
[117] 李松森、孙晓峰:《国有资产管理》,东北财经大学出版社 2010 年版。
[118] 王保树主编:《商事法论集》第 5 卷,法律出版社 2000 年版。
[119] 曹均伟、洪登永:《国外国有资产监督模式的比较与借鉴》,《世界经济研究》2007 年第 6 期。
[120] 北京市国资委、中国政法大学课题组:《进一步完善北京市国资监管模式的对策建议》,《国有资产管理》2010 年第 4 期。
[121] 蔡红:《企业国有资产监管行为外部性的法治规则》,《开放导报》2005 年第 3 期。
[122] 程言君:《企业国有资产监管体制改革的产权之基与新框架解析》,《前沿》2005 年第 8 期。
[123] 顾功耘:《国资监管难题剖析》,《上海市经济管理干部学院学报》2010 年第 2 期。
[124] 郭复初、傅海波、周春梅、任兴文:《完善国有资产管理体制任重而道远》,《国有资产管理》2010 年第 4 期。
[125] 河北省国资委:《依法科学监管,推进国有产权管理跃上新台阶》,《国有资产管理》2010 年第 5 期。
[126] 蓝寿荣、张伟伟:《国外国有资产监管的三种模式及其启示》,《佛山科学技术学院学报》(社会科学版)2008 年第 1 期。
[127] 李昌庚:《新路径视野下的农村集体土地所有权的反思与重构》,《学术论坛》2007 年第 7 期。
[128] 李昌庚:《金融危机视野下经济法价值的拷辨——以国有企业为例

的实证分析》,《政治与法律》2010 年第 6 期。
[129] 李昌庚:《转轨经济法学:一个容易误读的概念——兼与陈云良先生等人商榷》,《求索》2007 年第 6 期。
[130] 李钢:《发达国家国有企业监管模式及其对我国国有资产管理的启示》,《中国金融电脑》2003 年第 11 期。
[131] 李先忠:《国企监事会职能向国有控股上市公司延伸的问题》,《国有资产管理》2010 年第 5 期。
[132] 李曙光:《论〈企业国有资产法〉中的"五人"定位》,《政治与法律》2009 年第 4 期。
[133] 李源山、黄忠河:《日本国有财产管理与监控的启示》,《外国经济与管理》1998 年第 6 期。
[134] 廖红伟:《我国国有资产监管问题与对策研究》,《经济纵横》2009 年第 1 期。
[135] 马英娟:《监管的语义辨析》,《法学杂志》2005 年第 5 期。
[136] 樊建国:《关于国有文化企业国有资产监管的思考》,《经济论坛》2009 年第 10 期。
[137] 钱会娇:《对粮食企业国有资产监管的探讨》,《粮食论坛》2008 年第 10 期。
[138] 山东省国资委课题组:《国资监管机构行权履职的指针——对实施〈企业国有资产法〉的意见和建议》,《国有资产管理》2010 年第 4 期。
[139] 沈志渔、林卫凌:《国有资产监管体制变迁及目标模式》,《新视野》2005 年第 1 期。
[140] 王冀宁、朱玲:《美英法德日芬的国有资产管理体制的国际比较》,《求索》2007 年第 6 期。
[141] 温克:《浅谈国有资产的专业化监督——明代六科制度的启示》,《国有资产管理》2010 年第 4 期。
[142] 晓理:《从国外经验看中国国有资产管理体制改革》,《企业党建》2005 年第 4 期。
[143] 徐晓阳:《关于铁路运输企业国有资产监管难点问题及原因分析》,《物流与采购研究》2008 年第 49 期。

[144] 银晓丹:《国外企业国有资产监管模式法治研究及借鉴》,《社会科学辑刊》2010 年第 3 期。
[145] 尹凌青:《"中国式" 经济增加值考核》,《国有资产管理》2010 年第 3 期。
[146] 俞江:《民事习惯对民法典的意义——以分家析产习惯为线索》,载《私法·总第 9 卷》,北京大学出版社 2005 年版。
[147] 周勤、李家平:《什么是好的管制者?——对新加坡公用事业的法定机构的实证分析》,《产业经济研究》2007 年第 1 期。
[148] 张卓元:《中国国有企业改革三十年:重大进展、基本经验和攻坚展望》,《经济与管理研究》2008 年第 10 期。
[149] 张素华:《论国资委法律地位的再定位》,《求索》2009 年第 11 期。
[150] 李昌庚:《国有财产监管制度研究》,《法治研究》2014 年第 4 期。
[151] 张敏捷:《国有企业公司治理之研究——完善国有资产监管机制和优化国有企业公司治理结构》,《经济体制改革》2013 年第 6 期。
[152] 戴军、张广玲:《国有资产监管体制市场化改革路径研究——以淡马锡模式的本土化创新为例》,《天津大学学报》(社会科学版) 2015 年第 3 期。
[153] 夏荣静、陈莹莹:《推进我国国有资产管理体制改革的探讨综述》,《经济研究参考》2015 年第 12 期。
[154] 年志远、夏元琦:《完善对国有资产监督管理机构的监管研究》,《经济体制改革》2016 年第 4 期。
[155] 彭华岗:《国有企业改革前景及治理模式》,《经济导刊》2017 年第 1 期。
[156] 陈雄根:《国有资产监管法律制度研究》,博士学位论文,中南大学,2008 年。
[157] 丁宇飞:《企业国有资产管理体制的法律探索》,博士学位论文,华东政法大学,2010 年。
[158] 杨鹏:《我国国有资产管理体制改革研究》,博士学位论文,东北师范大学,2015 年。
[159] 王鲁豫:《基于演化博弈的国有资产监管模式研究》,博士学位论

文，天津大学，2015 年。

[160] 闵乐：《中国国有资产管理体制改革研究》，博士学位论文，辽宁大学，2016 年。

[161] 曲伟：《60 年发展：中国创造震惊世界的奇迹》，《光明日报》2009 年 10 月 30 日第 11 版。

[162] 欧阳淞：《国外国有资产监管法治化的基本经验及启示》，2007 年 11 月 2 日，新华网（http：//news. xinhuanet. com/newscenter/200711/02/content_699698 8. htm）。

[163]《李伟在全国国有资产监督管理工作会议上的总结讲话》，2008 年 12 月 26 日，国务院国有资产监督管理委员会（http：//www. sasac. gov. cn/n85881/n85901/c991299/content. html）。

[164] 李曙光：《〈企业国有资产法〉的创新与突破》，2008 年 11 月 12 日，法制网（http：//www. legaldaily. com. cn/fxy/content/2008 – 11/02/content_972670. htm？ node = 6063）。

[165]《国资委国有企业管理模式研究》，2009 年 5 月 18 日，新浪网（finance. sina. com. cn/leadership/msypl/20090518/15586240574. shtml）。

[166] 刘军宁：《私有财产权：宪政的命门》，2010 年 3 月 15 日，思想评论网（http：//www. tianya. cn/publicforum/content/no01/1/8705. shtml）。

[167] 旷野：《投行衍生品交易遭调查，央企巨亏超百亿集体沉默》，2010 年 5 月 19 日，搜狐网（http：//business. sohu. com/20100519/n272202062. shtml）。

[168]《国务院关于 2015 年度中央预算执行和其他财政收支的审计工作报告》，2017 年 4 月 19 日，中华人民共和国审计署网站（http：//www. audit. gov. cn/n4/n19/c84954/content. html）。

[169] 宋媛媛：《防止国有资产流失　国家再出新招》，2017 年 4 月 19 日，法治周末网站（http：//www. legalweekly. cn/article_show. jsp？f_article_id = 11204）。

[170] Alan Stone, *Regulation and its Alternatives*, Congressional Quarterly Press, 1982.

[171] Alexander Hamilton, John Jay, James Madison, *The Federalist Papers*,

China Social Sciences Pub. House, 1999.

[172] Alfred Marshall, *Principles of Economics*, Shaanxi People's Publishing House, 2006.

[173] Barzel, Y., *Economic Analysis of Property Rights*, Cambridge University Press, 1989.

[174] Berle, A. & Means, G., *The Modern Corporation and Private Property*, New York: McMillan, 1932.

[175] Bishop, "A Theory of Administrative Law", *Journal of Legal Studies*, Vol. 19, No. 2, 1990.

[176] B. M. Mitnick, *The Political Economy of Regulation*, Columbia University Press, New York, 1980.

[177] Cass R. Sunstein, *Free Markets and Social Justice*, Oxford University Press, 1997.

[178] Fiorina, M. P., *Legislative Choice: Legal Process or Administrative Process ?* Public: Choice 39, 1982.

[179] Garrett Hardin, "The Tragedy of the Commons", *Science*, Vol. 162, No. 3859, 1968.

[180] Posner, "Natural Monopoly and its Regulation", *Stanford Law Review*, Vol. 21, No. 3, 1969.

[181] James Mcgill Buchanan, *Liberty, Market and State—Political Economy in the 1980s*, Wheatsheaf Books Ltd., 1986.

[182] Kip, W. Viscusi, John, M. Verson, Josepul, E. Harrington, *Economics of Regulation and Antitrust*, The MIT Press, 1995.

[183] L. G. B. Gower, *Principles of Modern Company Law (Fifth Edition)*, Sweet & Maxwell, 1992.

[184] Mariko Watanabe, "Holding Company Risk in China: A Final Step of State-owned Enterprises and Emerging Problem of Corporate Governance", *China Economic Review*, Vol. 13, No. 4, 2002.

[185] Mark J. Roe, *Political Determinants of Corporate Government—Political Context, Coporate Impact*, Published by Oxford University Press, 2003.

[186] OECD, "The OECD Report on Regulatory Reform: Synthesis (1997)",

2002.

[187] OMB and OIRA, *The Regulatory Plan and the Unified Agenda of Federal Regulations*, Washington: Government Printing Office, 2001.

[188] See Jahn Vickers & George Yerrow, *Privatization: An Economic Analysis*, London: Cambridge, 1988.

后　记

在本书撰稿完成之际，感慨颇多，回首自己在攻读博士期间的点点滴滴，在收获了丰富知识的同时，付出了艰辛的努力。感谢各位导师在学业上给予我精心的教导，导师严谨治学的求实作风、宽厚仁慈的胸怀、积极乐观的生活态度，时刻感染着我。在自己遇到困难与挫折的时候，总是鼓励自己一定要坚持，只有坚持才有希望。

“理论是灰色的，只有生命之树常青。”2010 年博士毕业后，辗转在多个法律实务部门工作，这些工作经历为近二十年理论学习的美丽花园夯实了坚固的基础，又滋养着理论之花娇艳绽放。尤其是在国有资产管理部门从事管理工作期间，历经国有企业市场化的举步维艰，国有资产监管权改革的踽踽独行，如何理性看待现存国企法律制度，有效破除体制痼疾，关系到国有企业自身的生死存亡，也关乎国家政权的长治久安。作为知识分子，恩师们教导我“救亡图存”是永恒不变的情怀；作为普通国家干部，诸领导表率“兼济天下”是责任担当的应有之义。所以，本书从酝酿，到调研，再到最后执笔成稿，我无时不饱含着对历位恩师的感激之情，感恩于各位领导的悉心栽培，怀着赤子之心、绵薄之力，以身心相许法律事业！

银晓丹

2017 年 7 月